商科学术研究国际化促进计划（68011500703）
重庆工商大学引进高层次人才科研启动经费资助项目（2055016）

产品市场竞争
对公司债务融资的影响研究

陈 震 ◎ 著

中国财经出版传媒集团

经济科学出版社
Economic Science Press

图书在版编目（CIP）数据

产品市场竞争对公司债务融资的影响研究/陈震著.
—北京：经济科学出版社，2021.4
（资本市场会计研究丛书）
ISBN 978 - 7 - 5218 - 2477 - 3

Ⅰ.①产…　Ⅱ.①陈…　Ⅲ.①上市公司 - 债务
管理 - 研究 - 中国②上市公司 - 融资 - 研究 - 中国
Ⅳ.①F279.246

中国版本图书馆 CIP 数据核字（2021）第 059633 号

责任编辑：孙丽丽　撖晓宇
责任校对：齐　杰
版式设计：陈宇琰
责任印制：范　艳　张佳裕

产品市场竞争对公司债务融资的影响研究
陈　震　著
经济科学出版社出版、发行　新华书店经销
社址：北京市海淀区阜成路甲 28 号　邮编：100142
总编部电话：010 - 88191217　发行部电话：010 - 88191522
网址：www.esp.com.cn
电子邮箱：esp@esp.com.cn
天猫网店：经济科学出版社旗舰店
网址：http://jjkxcbs.tmall.com
北京季蜂印刷有限公司印装
710×1000　16 开　11.5 印张　170000 字
2021 年 4 月第 1 版　2021 年 4 月第 1 次印刷
ISBN 978 - 7 - 5218 - 2477 - 3　定价：46.00 元
（图书出现印装问题，本社负责调换。电话：010 - 88191510）
（版权所有　侵权必究　打击盗版　举报热线：010 - 88191661
QQ：2242791300　营销中心电话：010 - 88191537
电子邮箱：dbts@esp.com.cn）

摘　要

公司融资是公司金融理论的重要研究领域，而债务融资是公司融资的重要方式，尤其是在中国，银行主导的金融体系下债务融资在公司融资中的作用更为明显。对于企业债务融资问题的现代研究发轫于 20 世纪 50 年代由莫迪利安尼和米勒创立的 MM 理论，其分析了公司融资中最优的债务融资率。后续主要围绕这个问题即资本结构的问题开展了系列深入的理论和实证的研究。然而，对于企业债务融资问题进行全面分析的文献相对较少。企业的债务融资不仅包括企业债务相对于股权融资比重或者债务融资率的问题，还包括债务融资的期限结构、债务融资成本等问题。而分析企业债务融资问题的单个问题如企业的债务融资率有许多理论模型和实证经验，同样，对于债务融资期限和债务融资成本的分析也有很多角度可以切入。本书从当前文献较少涉及的产品市场竞争的角度分析企业的债务融资问题。当前文献对于产品市场竞争与企业的债务融资率或者资本结构关系的考察较多，而对产品市场竞争对企业债务融资期限和企业债务融资成本的影响考察较少。因此，本书一方面可以对企业的债务融资问题进行比较全面的分析和考察；另一方面从产品竞争市场这条主线清晰地分析产品市场竞争对企业债务融资的影响。总之，本书的选题就是结合当前学术研究状况和中国实际的债务融资状况提出来的，通过理论分析和实证研究，力求全面、系统地分析产品市场竞争对企业债务融资的影响。

本书整体的思路是在对我国上市公司债务融资状况及相关研究文献进行梳理的基础上，重点研究产品市场竞争对中国上市公司债务融资率、债务融资期限、债务融资成本的影响。

主要内容及研究结论如下：

第 1 章导论简要地介绍了本书选题的背景和意义、研究目标和主要研究内容、本书创新点。

第 2 章文献综述从企业债务融资三个最重要的维度：企业债务融资率或者企业的资本结构、企业的债务融资期限、企业的债务融资成本进行综述。首先，对企业的债务融资率的相关文献进行综述，其内容包括综述了资本结构和产品市场竞争与资本结构的相关理论以及实证上综述了产品市场竞争与资本结构的经验结果。整体来讲，当前文献关于产品市场竞争与债务融资率的文献相对较为丰富。然而，对于产品市场竞争对企业债务融资期限和企业债务融资成本影响的相关文献就较少。因此，本书对企业债务融资期限和企业债务融资成本的理论文献和影响企业债务融资期限和企业债务融资成本的实证文献进行了综述，为分析产品市场竞争对企业债务融资期限和企业债务融资成本的影响奠定文献基础。对企业债务融资期限而言，理论文献综述包括了企业债务期限的税收理论、期限匹配理论、信息不对称理论和代理成本理论；而对影响企业债务期限的实证文献主要从外部制度环境和企业自身特征两个视角进行综述，可以观察到产品市场竞争对企业债务融资期限影响的文献相对较少。对企业债务融资成本而言，理论文献从债务定价的两种模型进行了综述，而实证文献从影响企业债务融资成本的制度环境、企业特征和产业环境三个视角进行综述，可以观察到虽然有研究从产业环境对债务融资成本进行研究，但仍然缺乏从产品市场竞争的视角对债务融资成本进行的研究。通过文献综述可以发现，从产品市场竞争视角研究债务期限和债务融资成本的文献相对较少，这也是本书的创新点。

第 3 章对中国上市公司债务融资状况和特征进行了分析。首先，对样本数据进行了简单的描述。其次，对中国上市公司的债务融资率进行了比较和分析，其中，比较包括历史趋势的比较分析、中国债务融资率与国际上其他国家进行的比较分析以及不同行业债务融资率的比较分析。再次，对中国上市公司债务融资期限状况进行分析，包括对中国上市公司短期债务融资状况的分析、对中国上市公司长期债务融资状况的分析以及对中国上市公司债务融资期限行业特征分析。最后，对中国上市公司债务融资成本和特征进行描述性统计和分析，包括对债务融资成本的历史趋势进行分析以及对不同行业之间债务融资成本之间的比较分析。

接下来就产品市场竞争对公司债务融资率、债务融资期限、债务融资成本的影响进行了详细的理论和实证分析。

第 4 章分析了产品市场竞争对上市公司债务融资率的影响。本章从理论和实证两个方面都分析了产品市场竞争对上市公司债务融资率的影响。首先，一方面，从理论上提出产品市场竞争会降低企业的可保证现金流，降低企业从债权人处获取债务的能力，从而降低企业的债务融资率；另一方面，对于产品市场竞争激烈的行业，如果企业保持过高的债务融资率，则企业更容易被竞争对手掠夺，从而被挤出该产品市场，理性的企业在产品市场竞争激烈的环境下会主动降低债务融资率，从而维持自身在产品市场上的竞争力。本书提出研究假设：如果行业竞争相对缓和，处于该行内企业的债务融资率相对较高；如果行业竞争相对激烈，处于该行内的企业的债务融资率相对较低；行业内部处于有利竞争地位的企业，企业的债务融资率更高；而在行业内部处于相对不利竞争地位的企业，企业的债务融资率更低。其次，从实证上检验了前文的假设。本书从两个维度即行业结构维度和企业竞争优势维度检验了产品市场竞争对企业债务融资率的影响。一方面，从行业结构角度研究发现，产品市场行业结构的集中度越高（体现为行业集中度（CR4）、赫芬达尔—赫希曼指数（HHI）越高）的企业能够获得更多的债务资金，从而企业的债务融资率（体现为资产负债率）更高；从企业在行业内的竞争优势角度研究发现，企业在行业内竞争优势越明显（自然边界、勒纳指数、超额价格边际成本越高），则企业的债务融资率（体现为资产负债率）更高。

第 5 章分析了产品市场竞争对上市公司债务融资期限的影响。本章从理论和实证两个方面都分析了产品市场竞争对上市公司债务融资期限的影响。首先，从理论上分析表明：企业面临的产品市场竞争越激烈，企业面临的违约风险越高，从而债权人资金安全性越低。而短期债务通过现金流回流机制、债务重新定价机制等可以保护债权人的资金安全，从而当产品市场竞争激烈时债权人更多发放短期债务保护自身的资金安全。总之，理论分析表明，企业所面临的产品市场竞争越激烈，企业的债务融资期限越短；企业所面临的产品市场竞争越缓和，企业的债务融资期限越长；处在行业集中度高的企业和拥有显著市场优势的企业长期债务比例较高，企业的债务融资期限越长；处在行业分散度高的企业和在产品市场上缺乏市场优势的企业长期债务比例偏低，企业的债务融资期限越短。其次，从经验数据检验了产品市场竞争对企业债务融资期限影响的理论分析。检验结果表明：行业集中度（CR4）、赫芬达尔—赫希曼指数（HHI）越高，即企业所处行业的竞争相对较为缓和，企业的债务融资期限相对较长；自然边界、勒纳指数和超额价格边际成本越高，表明企业在行业内技术和定价优势越明显，从而企业在行业内竞争优势更加明显，企业的债务融资期限更长。

第6章分析了产品市场竞争对上市公司债务融资成本的影响。本章从理论和实证两个方面都分析了产品市场竞争对上市公司债务融资成本的影响。首先，理论分析表明：企业的债务融资成本主要受到债务的违约概率和违约后的损失率或者回收率的影响；债权人预期债务违约概率越高，违约后企业预期损失越大，则企业的债务融资成本越高。产品市场竞争程度越高企业的违约风险和违约后的损失率越高，债权需要更高的风险溢价，即企业的债务融资成本越高。同时，实证研究检验了理论假设，检验结果表明：产品市场竞争程度与各类债务融资成本指标之间（净财务费用比当期带息债务、利息支出比平均总债务、利息支出比平均带息债务、净财务费用比平均总债务、净财务费用比平均带息债务等指标）呈现显著的正相关；行业集中度、赫芬达尔—赫希曼指数、自然边界、勒纳指数、超额价格边际成本与上市公司债务融资成本呈现显著负相关。总之，实证结论显示：企业所面临的产品市场竞争越激烈，企业的债务融资成本越高；企业所面临的产品市场竞争越缓和，企业的债务融资成本越低；处在行业集中度高的企业和拥有显著市场优势的企业债务融资成本较低；处在行业分散度高的企业和在产品市场上缺乏市场优势的企业债务融资成本偏高。同时，进一步分析了产品市场竞争影响债务融资成本的掠夺效应机制和回收损失机制。

第 7 章是对全书的主要发现进行了总结，并提出了研究局限及下一步的研究方向。

本书的主要创新是分析了产品市场竞争对债务融资期限和债务融资成本的影响。当前文献对产品市场和公司金融关系的研究主要侧重于产品市场竞争与资本结构、现金流持有水平等关系的研究，而较少对产品市场竞争对债务融资期限和债务融资成本的影响展开研究。因此，本书从一定程度上丰富了当前对产品市场竞争和公司金融方面的研究文献。

Abstract

Corporate financing is an important research area in the corporate finance theory. Debt financing, which plays a more and more significant role in the financial system dominated by Banking in China, is always an important method of corporate financing. Modern researches on corporate debt financing problem began from the MM theory, which founded by the Modigliani and Miller in the early 1950's and analyzed the optimal financing rate in the area of debt financing. Subsequent analysis focused on the problem of capital structure and completed a series of profound researches both in theoretical and empirical.

However, there are limited literatures made comprehensive analyses of corporate debt financing. The topics in corporate debt financing not only include the ratio of debt and equity financing, but also include the maturity structure and the cost of debt financing etc. There are several theoretical models and empirical evidences in the analyses of corporate debt financing. Meanwhile, there are lots of different angles on the analyses of the maturity and the cost of debt financing. In this paper, we chose a unique angle, which is from the aspect of product market competition, to study on the problem of corporate debt financing.

In current literatures, there are lots of researches focused on the influence of product market's competition on the debt financing ratio and the capital structure. However, there are less researches investigated the influence of the product market's competition on the maturity and the cost of corporate debt financing.

Therefore, this paper, on one hand, did a comprehensive investigation and analysis on the problem of corporate debt financing. On the other hand, this paper completed a research on the influence of corporate debt financing from a clear principal line from the aspects of product market's competition.

In short, the topic of this paper considered both current academic situation and actual situation of China debt financing reality, used the analysis of theoretical and empirical, and strived to do the research on the influence of product market's competition on corporate debt financing.

In this paper, the whole idea is the basis of China's listed companies and the related debt financing situation to sort out the research literature, focusing on Chinese listed companies' debt financing rate, debt financing maturity, the impact of product market competition on the cost of debt financing.

The main contents and conclusions are as follows:

Chapter 1 is Introduction. In this chapter, we briefly introduced the background and significance of the topic, the purpose of the research, the main contents and the contributions.

Chapter 2 is Literature Review. In this chapter, this paper did the literature review from three most important dimensions, which are the capital structures and the maturity and the cost of corporate debt financing, in corporate debt financing.

Firstly, this paper did the literature review about the corporate financing rate, including both theoretical and empirical literatures about the capital structure and product market's competition.

Overall speaking, the current literatures about product market's competition and debt financing rate are relatively abundant. But the literatures about the impact of the product market's competition on the maturity and cost of corporate debt financing are limited.

Therefore, the remainder of this paper did the literature review, from the theoretical and empirical aspects, on the influence factors about the term and cost of corporate debt financing, which build a literature foundation about latter analy-

sis of the impact of product market's competition on the maturity and the cost of corporate debt financing.

The theoretical literature review about the maturity of corporate debt financing include the tax theory of corporate debt maturity, duration matching theory, asymmetric information theory and agency cost theory. Meanwhile, the empirical literature do the researches major from two perspectives: the external environment and their own system features. However, the literatures focus on the product market competition's influence on the term of debt financing are limited.

For corporate debt financing cost, major theoretical researches focus on two different types of models and ideas from the perspective of debt pricing. Meanwhile, the empirical studies are often from other three angels such as the system environment, corporate features and industry situations. Although there are some studies which did some researches on the cost of debt financing from the angle of industry's situation, there was lack of studies which focused on this topic from the perspective of product market's competition. Overall, from the literature review, we found that researches on the term and the cost of debt financing from the angle of product market's competition is an innovation point of this paper.

Chapter 3 is The analysis of Debt Financing Situation and Features of China Listed Companies. Firstly, this paper did a sample description. Secondly, this study compared and analyzed the debt-financing rate of China Listed Companies from different angles, including the comparative analysis of the historical trends, the comparative analysis of different countries and different industries. Thirdly, we did some analyses on the term of debt financing of China Listed Companies, including analyses about the short-term debt financing, long-term debt financing and the industrial features of the debt financing's term. Finally, we did the description statistics and analyses on the term and cost of debt financing of China List Companies, including the analyses of the historical trend and different industries' features.

Based on the literature review and description statistics above, in the following chapter, this paper did some carefully theoretical and empirical analyses about the product market competition's impact on the corporate debt-financing rate and the term and the cost of corporate debt financing.

Chapter 4 is The Impact of Product Market's Competition on the Debt – Financing Rate of Listed Companies. This chapter analyzed the impact of product market's competition on the debt-financing rate of listed companies from both theoretical angle and empirical angle.

Firstly, the theoretical analysis proposed that product market's competition would reduce the guaranteed cash flow, then the reduced the enterprises' ability on obtaining debt from creditors and then reduced the corporate debt-financing rate.

On the other hand, if a company holding a high debt-financing rate in a fierce competed market, it is more likely to be pillaged by other competitors. Thus rational enterprise should reduce the rate to maintain its position in the product market in the fierce market competition environment. Base on above, we proposed two hypotheses. Firstly, if the competition in the industry is lower, the corporate debt-financing rate is higher; if the competition in the industry is higher, the corporate debt-financing rate is lower. Secondly, if the company holds a favorable competitive position in the industry, its debt-financing rate is higher; if the company holds a worse competitive position in the industry, its debt-financing rate is lower.

Then, we did some empirical research to testify the hypothesis above. In this paper, we completed the empirical study from two dimensions, industry structure dimension and corporate competitive dimension, to test the impact of product market's competition on corporate debt-financing rate. On one hand, from the perspective of the industry structure, this paper found that the concentration of the product market, the higher the industry structure (embodied as industry concen-

tration (CR4) , Herfindahl – Hirschman Index (HHI)) enterprises could get more debt funds and then make the corporate debt financing rate (reflected as the asset-liability ratio) higher; On the other hand, from the perspective of competitive advantage in the industry, this paper found that companies in the industry, which had a more obvious competitive advantage (natural boundary, Lerner index, exceeding the marginal cost price H) , had a higher corporate debt financing rate (reflected asset-liability ratio).

Chapter 5 is The Impact of Product Market's Competition on the Term of Debt – Financing. In this chapter, we completed both theoretical and empirical analyses about the impact of product market's competition on the term of listed company's term of debt financing .

Firstly, the theoretical analysis showed that: if one company is facing a more intense competition, the default risk of the company is higher and thus the security of creditor is lower. While short-term debt through cash flow reflux mechanism, debt re-pricing mechanisms to protect the safety of funds creditors, so that, when market competition becomes fierce, creditors could issue more short-term debt to protect their own financial security. Overall speaking, theoretical analysis showed the fiercer competition faced by the company, the shorter term of debt-financing it had; meanwhile, the milder competition faced by the company, the longer term of debt-financing it had. On the other hand, the company which located in a high concentration industry and hold the market advantage would have a longer term of debt financing, and the company which located in a low concentration industry and not hold the market advantage would have a shorter term of debt financing.

Secondly, this paper used the empirical data to test the theoretical analysis about the impact of product market's competition on the term of debt financing.

The test results show that: the industry concentration (CR4) and Herfindahl – Hirschman Index (HHI) are higher, which means the competition is relatively mild, the term of debt-financing is longer. Meanwhile, the natural boundary, Lerner Excess price index and the higher marginal cost are higher, which means a more obvious advantage of technology and pricing in the industry, the term of debt-financing is longer.

Chapter 6 is The Impact of Product Market's Competition on the Cost of Debt Financing. In this chapter, we completed both theoretical and empirical analyses about the impact of product market's competition on the cost of listed company's term of debt financing .

Firstly, the theoretical analysis showed that: the cost of corporate debt financing was mainly affected by default probability of the debt and the loss rate after default; the higher default probability the creditor expected, the higher cost of the debt financing is. Meanwhile, the higher competition in the product market means the higher default risk and probability, so the debt requires a higher risk premium, which means a higher cost of debt financing.

Meanwhile, the empirical study tested the theoretical hypothesis. The test results showed that: product market's competition and various types of debt financing cost index (such as ratio of net financial expenses profit or interest bearing debts, interest payments than the average of the total debt, interest payments than the average band interest-bearing debt, net financial expenses than the average of the total debt, net financial expenses ratio of average interest-bearing debt and other indicators) showed a significant positive correlation. Meanwhile, industry concentration, the Herfindahl – Hirschman Index, natural boundary, Lerner index, the excess price the marginal cost of debt financing costs of listed companies showed a significant negative correlation.

In short, the empirical results showed that the fiercer competition is, the higher cost of debt financing companies have; the milder competition is, the lower cost of debt financing companies have. On the other hand, the company which located in high concentration of industry and obvious advantage has lower cost of debt financing, and the company which located in low concentration of industry

and lack of advantage has higher cost of debt financing. Furthermore, this paper further analyzed plunder mechanism and recovery loss mechanism which affect the impact of product market's competition on the cost of debt financing.

The chapter 7 is a conclusion about the main discovery of this paper. Then, in this chapter, we discussed the limit in this study and the next research direction.

The main innovation of this paper is to analyze the impact of product market's competition on the maturity and cost of corporate debt financing. Current literature about the product market and financial relations firm focused primarily on research product market competition and capital structure, cash flow and other holdings relationships, and less on the impact of product market's competition on the maturity and cost of debt financing. Therefore, to some extent, it enriches the current research literature on the product market competition and corporate finance.

第 1 章

导 论

1.1　选题背景及研究意义

企业的融资行为是公司金融研究最原始也是最核心的命题，而债务融资是企业融资最重要的方式之一。自从 1958 年迪格利安尼（Modigliani）和米勒（Miller）开展对企业资本结构进行研究以来，对企业融资行为的研究更多集中在资本结构和股权融资方面。相对而言，对企业债务融资率、债务融资期限、债务融资成本等债务问题较少有系统的考察，使之成为企业融资理论和公司金融研究需要完善和系统整理的领域。同时，随着我国市场经济的发展和深化以及对外开放程度加深，多数行业都打破了垄断和进入壁垒，国有企业、民营企业、外资企业等在不同的经济领域展开了激烈的竞争。伴随中国市场产品市场竞争加剧这一历史趋势，产品市场竞争这一因素不仅是企业债务融资时需要考虑的重要因素，也是银行等债权人为企业提供债务融资时需要考虑的重要因素。因此，有必要对产品市场竞争如何影响企业债务融资率、债务融资期限、债务融资成本等要素进行深入的分析。因此，本书基于产品市场竞争的视角对企业债务融资问题进行全面、系统的研究和梳理。

在中国债务融资是企业外源融资的最重要的手段。虽然中国在 20 世纪 90 年代就建立了股票市场并且股票市场得到了迅速发展壮大，但是对中国企业而言外源融资手段仍然是以银行贷款为主的债务融资。从中国的社会融资规模来看，长期以来银行贷款等债务融资占据社会融资的绝对主导地位，而通过股票融资的规模相对较小；从中国金融机构资产规模来看，银行等债权人的资产规模占据整个金融体系绝大部分份额。因此，对企业债务融资进行系统研究对于我们认识中国企业的融资问题、了解中国金融体系等问题都有非常重要的现实意义。

企业在进行融资决策时首先是面临股权和债务融资比例的决策，然后是在债务融资过程中对债务融资的期限、价格等要素进行决策。因此本书在研究企业债务融资时首先分析企业债务融资率，其次是分析企业债务融资期限问题，最后是分析企业债务融资成本问题。从而基本形成一个逻辑比较完整的分析企业债务融资的框架。企业债务融资其实还可能面临其他选择，比如企业选择债务融资的形式：企业是选择向银行申请贷款，还是选择向合格投资者发行私募，还是向公开市场发行债券，还是利用贸易融资等方式向供应商融资。然而，本书仍然认为企业在不同债务融资方式进行抉择时首先考虑的是不同债务融资方式在融资期限和融资成本以及融资约束条件方面是否满足自身的需求，从而决定采用何种融资方式。从理论上讲企业从各种债务融资方式获取的最优债务融资额为各种债务融资方式的边际成本相等时的金额。因此，本书采用债务融资率、债务融资的期限和债务融资成本三个视角研究企业债务融资问题力求能够比较全面的认识企业债务融资问题。

同时，债务融资率、债务融资期限和债务融资成本三个视角研究企业债务融资问题，有助于加深对公司金融的其他问题的认识。企业债务融资率问题可以理解为企业资本结构的问题，即企业在债务融资和股权融资权衡后的最优结果。因为自从 1958 年迪格利安尼（Modigliani）和米勒（Miller）的研究以来，对企业资本结构的研究主要就是企业债权和股权比重的问题。因此，企业最优的债务融资率可以理解为企业最优资本结构的问题。企业债务融资期限是企业在长期债务和短期债务权衡的结果。通常而言，长期债务相对短期债务而言其优势在于：短期债务必须不断地向银行或信用市场融资，并且面临信贷配给等被拒绝的风险，以及为了不断融资可能会低价抛售一些资产或者放弃一些风险较高却具有投资价值的项目，而长期债务可以规避这类缺点。而短期债务的优势在于：其可以向借款人返回现金，从而使融资更加便利；同时，可以帮助贷款人约束借款人。债务融资成本一方面可以理解为企业债务融资成本的问题，另一方面对于债权人而言可以理解为债务定价问题。总之，本书从债务融资率、债务融资期限、债务融资成本这三个角度研究债务问题，对于我们认识企业的资本结构、期限结构、债务定价等问题也有帮助。

产品市场竞争是企业经营面临的重要环境和外部条件。产品市场竞争对企业的融资和治理行为都有深刻的影响。传统的研究对产品市场竞争与公司治理、现金持有等问题都有系统的研究。然而，较少文献从产品市场竞争的角度系统地分析其对企业债务融资行为的影响。由于产品市场和债务市场是企业生存发展所依赖的两个非常重要的市场，一个是企业创造价值的场所和平台，另一个是企业实现资源有效配置的依托。因此，从产品市场竞争的视角研究债务问题，一方面有助于更深刻地理解产品市场和债务市场之间的联系；另一方面对于在我国特定制度背景下制定产业政策也有较好的帮助。

企业债务融资行为对于企业来讲是融资行为，而对于银行等债权人来讲就是投资行为。因此，全面地分析企业债务融资问题对于债权人投资也有非常重要的现实意义。债权人进行债务投资时首先需要考虑的问题为是否对该企业进行债务融资，其次才是考虑对该企业融资的期限、期望融资价格以及是否需要抵押担保、如何设定抵押担保品等。传统的研究对银行等债权人的信贷配给行为（限制对企业的债务融资）、贷款的期限、贷款定价都有研究，然而较少系统地从三个维度对债权人的投资行为进行分析。因此，本研究对于银行等债权人进行投资有较强的现实意义，可以帮助债权人在进行投资时充分考虑产品市场竞争情况，从而确定是否对企业进入融资，以及确定融资期限和价格。

1.2　研究目标及结构安排

本书的研究目标是从产品市场竞争的角度较为全面地考察企业的债务融资问题。具体而言，企业的产品市场竞争通常包括行业竞争结构和企业在行业内的市场地位这两个维度。本研究的目标是从行业竞争结构和企业市场地位两个维度考察产品市场竞争对上市公司债务融资率、债务融资期限、债务融资成本的影响。债务融资率实质是公司在债务和股权之间的选择，可以理解为资本结构的问题。因此，分析产品市场竞争对债务融资率的影响实质可以理解为产品市场竞争对资本结构的影响。而债务融资期限问题是企业在长期债务和短期债务之间的选择，因此，可以理解为分析产品市场竞争对企业长期债务占比或短期债务占比的影响。债务融资成本问题实质就是企业债务融资价格问题，因此，可以理解为分析产品市场竞争对企业债务融资价格问

题的影响。

在上述研究目标下，本书的结构安排如下：首先对相关的文献进行综述，其次对债务融资状况进行简要的介绍和分析，最后对产品市场竞争对上市公司债务融资率、债务融资期限、债务融资成本的影响进行逐一的理论分析和实证研究。具体来讲，本书按如下结构展开研究。

第1章，导论，阐述了本章的选题背景以及研究意义和本书的研究目标、结构安排以及本书的创新点。

第2章，文献综述，对产品市场竞争与企业债务融资的相关文献进行综述。文献综述包括三部分：产品市场竞争与企业债务融资率相关的文献；产品市场竞争对企业债务融资期限影响的相关文献；产品市场竞争对企业债务融资成本影响的相关文献。首先，本研究将企业债务融资率问题视同企业的资本结构的问题，因此，主要对产品市场竞争对资本结构影响相关的文献综述。由于产品市场竞争对资本结构影响直接的文献很少，本研究尝试从影响资本结构的因素和产品市场竞争与资本结构的关系进行文献综述。具体而言，综述的内容主要包括：资本结构的主要理论分析如 MM 理论、权衡理论、信息不对称理论对企业最优的债务融资率的阐述，这实质也是对影响企业债务融资率因素进行理论分析；产品市场竞争与资本结构的关系方面的理论文献包括 Brander–Lewis 模型；产品市场竞争与资本结构关系的实证分析文献综述，为后文详细分析产品市场竞争对债务融资率的影响奠定文献基础，帮助从中梳理相关的理论机制。其次，对产品市场竞争对债务融资期限影响方面的文献进行综述。同样，由于当前文献缺乏产品市场竞争对债务融资期限影响进行直接分析的文献。因此，本书侧重综述其他因素影响债务融资期限的机制，从而为分析产品市场竞争对债务融资期限奠定文献基础。综上，本节综述的主要内容包括：债务融资期限理论相关文献如税收理论、期限匹配理论、信息不对称理论、代理成本理论，从而全面地分析了影响债务融资期限的相关理论；债务融资期限相关实证研究，包括从影响债务融资期限外部制度环境和企业自身特征两个维度进行文献综述，从而为后续的实证分析奠定了文献基础。再次，对产品市场竞争对债务融资成本影响方面的文献进行综述。同样，由于当前文献对产品市场竞争与债务期限成本之间的分析文献较少，因此，本部分更多地从影响企业债务成本的角度来进行文献综述，从而为后续分析产品市场竞争与债务期限成本奠定文献基础。具体而言，综述的内容包括债务融资成本相关的理论文献。首先，由于债务融资成本与债务定价的实质是一样的，主要围绕 Merton 债务定价模型以及其扩展进行债务融资成本方面的理论文献综述。其次，对债务融资成本影响因素进行了较为全面的文献综述，从宏观制度环境、微观企业特征以及产业环境三个维度对债务融资成本的相关文献进行综述。

第 3 章，上市公司债务融资及产品市场竞争现状分析，对中国上市公司债务融资情况进行简要的介绍。由于本研究是从行业竞争角度来分析债务融资情况，因此进行描述性分析时也从行业的角度进行统计和分析。首先，简要介绍了样本概况。其次，本书对中国上市公司债务融资率进行统计分析，一方面，从国际角度比较了中国上市公司债务融资率（体现为资产负债率）同其他国家上市公司债务融资率的差异；另一方面，对不同行业的资产负债率状况进行横向和纵向历史趋势的分析和比较。再次，对中国上市公司债务融资期限情况和特征进行分析。当前的数据主要能够获得上市公司短期债务和长期债务的情况，因此，本研究对短期债务和长期债务状况都进行了详细的分析。同时，从行业的角度对债务融资期限也进行了详细的分析。最后，对中国上市公司债务融资成本也进行描述统计和特征分析，包括从行业的角度分析了企业的债务融资成本特征。

第 4 章，产品市场竞争对公司债务融资率的影响。企业的债务融资率选择主要是资产负债率的选择也就是资本结构的选择，因此，分析产品市场竞争对债务融资率的影响也是分析产品市场竞争对资本结构的影响。首先，分析了产品市场竞争对债务融资率的影响方向和影响机制，并进行模型构建。通过模型分析产品市场竞争不同状况下企业可以获得的债务融资率的变化，从而推导出产品市场竞争程度对企业债务融资率的影响方向和符号，并提出研究假设。同时，进行实证研究分析企业所处行业的行业集中度越高（HHI 和行业集中度越高）以及企业的市场竞争优势越明显（勒纳指数、超额价

格边际成本以及自然边际越高）对企业债务融资率的影响，体现为对企业资产负债率的影响。同时，为了保证结论的稳健性，用不同的变量来度量债务融资率、不同的其他控制变量和不同的计量回归方法来检验本章的研究假设。

第 5 章，实证分析了产品市场竞争对债务融资期限的影响。从债权人安全性的角度分析了产品市场竞争对债务融资期限的影响。债权人面临的风险包括债务违约率和损失率两个方面。如果债权人预期违约风险和违约后损失率越高，其资金安全性越差，风险越大。通过向企业提供更短期限的债务合约是债权人保障自身资金安全的重要手段。因此，如果债权人面临风险越小，企业能够获得的债务合约期限越长，从而企业的债务融资期限越长。企业面临的产品市场竞争越激烈则债权人面临的风险越大，债权人更偏好为企业提供短期债务合约，从而企业的债务融资期限越短。本研究在理论分析的基础上提出相应的研究假设。同时，通过实证分析对理论假设进行实证检验。本章的实证主义检验：企业所处行业的行业集中度（赫芬达尔—赫希曼指数和行业集中度）对企业债务融资期限的影响，以及企业的市场竞争优势如勒纳指数、超额价格边际成本以及自然边界对企业能够获取长期债务融资的影响，也即对企业债务融资期限的影响。同时，本章的实证研究用不同的变量来度量债务融资期限，以及用不同的其他控制变量和不同的计量回归方法来检验本章的研究假设，从而保证本章的结论不因被解释变量、控制变量以及估计方法的变化而发生变化。

第 6 章，实证分析了产品市场竞争对债务融资成本的影响。首先，基于 Merton 模型分析了产品市场竞争主要通过债务违约率和损失率两个维度影响企业债务融资成本。一方面产品市场的竞争会通过掠夺效应提高债务的违约率，另一方面产品市场竞争会通过回收损失效应影响企业资产（特别是抵押资产）的清算价值，从而提高债务的损失率。在此基础上提出产品市场竞争对债务融资成本影响方向的研究假设，包括产品市场结构对企业债务融资成本的影响方向和企业所处行业优势对企业债务融资成本的影响方向。同时，利用实证方法来检验理论分析的研究假设，包括利用赫芬达尔—赫希曼指数和行业集中度来度量产品市场结构，并通过计量方法来检验其对公司债务融资成本的影响。利用勒纳指数、超额价格边际成本以及自然边界来度量企业在所处行业的市场优势，并通过计量方法来检验其对上市公司债务融资成本的影响。同时，进一步检验了产品市场竞争影响债务融资成本的作用机制，尝试对不同规模、资金实力、资产专用性的企业进行对比分析，检验不同情景下产品市场竞争对不同企业的债务融资成本是否有异质性反映。同时，本章的实证研究用不同的变量来度量债务融资成本，用不同的其他控制变量和不同的计量回归方法来检验本章的研究假设，从而保证本章的结论不因被解释变量、控制变量以及估计方法的变化而发生变化。

鉴于上述研究内容，笔者绘出了本书的逻辑框架图（见图 1 – 1）：

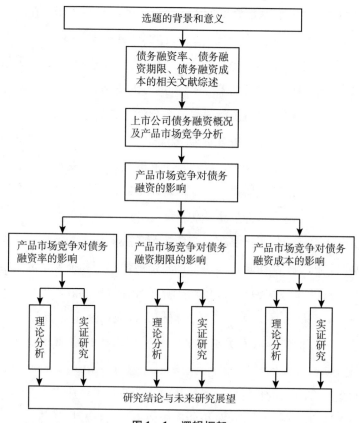

图 1 – 1　逻辑框架

1.3　本书的创新

本书的创新首先体现在从产品市场竞争的角度系统地研究了中国上市公司的债务融资问题。当前文献对债务融资问题缺乏全面的分析和论述。其次是当前文献对产品市场竞争与公司金融的研究，主要是侧重从产品市场竞争与公司资本结构、公司现金流持有等方面展开研究，而对产品市场竞争与债务融资期限和产品市场竞争与债务融资成本方面的研究明显较少。因此，本书一定程度上填补了当前文献这方面的不足。具体而言，本研究的创新主要体现在以下三点。

第一，当前文献对债务融资期限的研究文献很多，包括从宏观的法律环境、政治制度，微观的企业财务特征和公司治理特征等角度进行了详细的论述和分析。然而，较少文献从产品市场竞争的角度分析其对债务融资期限的影响。虽然，产品市场竞争影响债务融资期限内在的作用机制与宏观制度环境和微观企业特征影响债务融资期限的内在作用机制是一致的，但是当前很少有文献从这个角度来分析债务融资期限问题。因此，这是本研究的一个创新点。

第二，当前文献对于债务融资成本的研究较少，本研究提出债务融资成本研究和企业贷款定价研究以及债券定价研究实质是一样的观点，其本质都是对企业债务进行定价，只是研究的视角不同而已，在理论分析框架上将债务融资成本的研究纳入债务定价分析框架中，从而大大地扩展了债务融资成本研究的范围。由于对于债务定价的研究很多基于贷款数据或者债券收益率数据都存在无法全面地反映企业债务融资成本的问题，因此本研究从债务融资成本研究，从而更加全面地认识了传统的债务定价问题。

同时，当前对债务融资成本的研究更多从法律环境、政府干预、金融市场发展等宏观环境和企业资产、抵押物以及治理结构等微观特征出发，较少文献从产业中观的角度分析其对债务融资成本的影响。因此，本研究从产品市场竞争视角研究企业的债务融资成本，扩展了传统研究对债务融资成本影响的理解。

　　第三，当前文献对产品市场竞争研究也比较多，但是当前的研究更多的是考察产品市场竞争对公司现金持有量的影响、产品市场竞争对异质性风险的影响、产品市场竞争对股权成本的影响，缺少综合全面地考察产品市场竞争对企业债务融资的影响。而本书全面地考察了产品市场竞争对企业债务融资问题的影响，有助于丰富产品市场竞争和公司金融的研究。

第2章

文献综述

本书的主题是从产品市场竞争的视角来分析上市公司债务融资率、债务融资期限、债务融资成本三大问题，因此文献综述主要包括：第一，上市公司债务融资率是由什么决定，从理论上有哪些模型和理论阐述债务融资率问题；在实证上哪些变量和要素可以影响上市公司债务融资率，产品市场竞争对债务融资率如何影响。第二，上市公司债务融资期限由什么决定，哪些理论模型和理论阐述债务融资期限问题；在实证上哪些变量和要素影响上市公司债务期限，产品市场竞争对债务融资期限结构如何影响。第三，上市公司债务融资成本是由什么因素决定，从理论上有哪些模型阐述了债务融资成本问题；在实证上哪些变量和要素决定上市公司债务融资成本，产品市场竞争对债务融资成本如何影响。

2.1　企业债务融资率文献综述

对债务融资率的文献综述本质是对资本结构相关理论进行综述，具体综述内容包括理论文献综述和实证文献综述。

2.1.1　企业债务融资率理论研究

2.1.1.1　MM 理论与企业最优债务融资率

美国经济学家迪格利安尼和米勒（Modigliani and Miller，1958）提出的MM 理论，陆续成为后来学者研究资本结构的基础。迪格利安尼和米勒（1958）认为在完美市场假设条件下，企业的价值与企业债务融资率无关，也不受公司财务杠杆作用的影响，企业的市场价值只由预期收益的现值水平决定。但市场并非完美，资本市场也存在各种税收，因此迪格利安尼和米勒（1963）对他们早期提出的 MM 无税模型进行了修正，去掉了不存在企业所得税这一假设。他们发现，在有公司所得税的情况下，公司的利息费用可以在税前扣除，这减轻了企业的所得税负担，降低了企业加权平均的融资成本，进而增加了企业的价值。因此，MM 公司税模型认为在考虑税盾效应的情况下公司最佳的债务融资率为100%。

米勒（Miller，1977）提出在 MM 公司税模型中加入了个人所得税因素，由于个人所得税可以在某种程度上抵消个人从投资中所得的利息收入，从而抑制了高债务融资率对企业价值的积极影响。

2.1.1.2　权衡理论与企业最优债务融资率

权衡理论通过放宽 MM 理论完全信息以外的各种假定，分析企业的最优债务融资率。克劳斯和利岑伯格（Kraus and Litzenberger，1973）基于债务融资的税收收益和破产成本对最优债务融资率进行了分析。迈尔斯（Myers，1984）指出，遵循最优债务融资率理论的公司会根据债务的税盾效应和破产成本之间的平衡事先设定一个最优债务融资率，并以该最优债务融资率为目标逐渐移动。然而，米勒（1977）认为企业的破产成本有限，无法抵消债务的税盾效应。戴蒙德（Diamond，1984）和迈尔斯（1984）进一步提出了负债较高导致的代理成本、非负债税收利益损失和财务困境成本。最优债务融资率是在债务的税盾收益和代理成本、非负债税收利益损失和财务困境成本权衡的结果。

2.1.1.3　信息不对称理论与企业最优债务融资率

1958 年 MM 无税模型设定了几乎苛刻的假设条件，后续的 MM 公司税模型、米勒模型以及权衡理论的研究逐渐针对这些假设慢慢放松，但都还是基于信息完全对称这一假设。然而伴随信息经济学的发展，学者们逐渐突破了信息完全对称这一假设，并发展出了代理成本理论、信号模型、激励理论、优序融资理论等。这些理论模型深刻地分析了企业为什么需要债务融资以及最优的债务融资率。

代理成本理论认为，公司的最优债务融资率是公司股权融资的边际代理成本等于公司债务融资的边际代理成本时的债务融资率，在这种状态下公司债务融资率是最优水平。股权融资的代理成本包括使用股权融资而带来的股东和管理者的利益冲突包括管理层卸责、构建企业帝国等；而债务融资的代理成本是债务融资会增加股东和债权人的利益冲突，包括资产替代、投资不足等。

信号模型认为现实世界中，相比外部投资者，公司内部管理人员能获得更多的有关公司的信息，从而外部投资者的投资行为非常谨慎。因此，公司的管理人员可以适当采取一些措施，释放一些对公司有利的积极信号给外部投资者，帮助企业融资，而债务融资是管理者向外部传递信号的重要手段（Leland and Pyle，1977；Stulz，1990）。

激励理论认为较高的债务融资能够激励管理者更加努力地工作，从而避免破产给自身带来的负面影响，从而可以约束管理层的道德风险（Grossman and Hart，1982）。

优序融资理论认为信息不对称导致内源融资是企业的最优选择，外源融资中由于债务被投资者低估的可能性更小，从而成为投资者的次优选择，而股权融资容易被企业严重低估，从而成为投资者最后的选择。因此，如果企业信息不对称情况越严重，则企业应该发行更多的债务，从而提高债务融资率（Myers and Majluf，1984）。

2.1.1.4 产品市场竞争与企业最优债务融资率理论

产品市场竞争与企业最优债务融资率理论分析是资本结构理论后续的重要发展内容。在20世纪80年代前，企业资本结构和产品市场竞争之间的关系并没有引起学术界应有的重视。一方面，研究资本结构和公司金融的学者认为，产品市场的收益、竞争态势主要是由于产品市场自身的形态决定的，与资本结构关系不大。另一方面，产业经济学也主要分析产品市场价格竞争、非价格竞争、产业组织形态，而较少分析产品市场竞争与公司融资的关系。然而，伴随学科的发展，研究者慢慢发现企业资本结构与产品市场竞争等因素有密切的关系，从而慢慢发展了资本结构和产品市场竞争理论。然而，事实上产品市场竞争和企业的债务融资存在密切的关系。一方面，公司债务融资率的提高，增加企业可用资金，提高企业在产品市场上的产量，同时也降低了竞争对手的产量份额，因此企业负债会影响到产品市场竞争状况。另一方面，产品市场竞争状况会影响企业的财务报表状况，从而影响公司债务融资率。具体而言，公司债务融资率和产品市场竞争理论研究开创于布兰德和刘易斯（Brander and Lewis，1986），一方面他们研究发现企业在产品市场上的行为决策受制于企业的资本结构或者公司债务

融资率；另一方面企业在产品市场的竞争状况也影响着企业的资本结构决
策或者债务融资决策。其设计了一个两阶段的双寡头模型，分析表明在需
求不确定的情况下，公司债务融资率和产品市场竞争存在互动关系。具体而
言，由于公司是有限责任的，因此当企业负债时其实质是股东拥有的一个看
涨期权，所以企业有激励在产品市场表现得更有攻击性。布兰德和刘易斯
（1986）研究了需求不确定条件下，企业进行 Cournot 竞争情况。然而企业
竞争方式还包括斯塔克伯格（Stackelberg）和伯特兰（Bertand）等竞争模
式；企业经营面临的不确定性包括需求不确定性和成本不确定性。谢华德
（Showalter，1995）研究发现如果企业面临的是 Bertand 竞争，在成本不确定
的条件下，企业将没有负债，即企业的债务融资率为零。而当需求不确定的
情况下，Bertand 竞争的企业将选择一定的负债水平。文泽里德（Wanzen-
ried，2003）提出企业的债务融资决策严重依赖于产品市场的特征。后续一
系列的研究其实质都在布兰德和刘易斯（1986）以及谢华德（1995）的基
础上扩展的结果。

2.1.2　企业债务融资率实证研究

由于当前文献对产品市场竞争对企业债务融资率影响的实证文献并不是
特别多，为了更好地理解产品市场竞争对企业债务融资率的影响，本研究从
产品市场竞争与企业债务融资率关系的视角对相关实证文献进行综述。同
时，产品市场竞争与企业债务融资率实质就是产品市场竞争与企业资本结构
关系的文献。因此，文献综述中将资本结构和债务融资率两个概念等价。整
体而言，国内外当前对产品市场竞争与资本结构关系的文献整体而言并不太
多，并且在实证结论上没有达成较为一致的结论。

2.1.2.1　国外文献综述

首先，实证研究表明，企业所处行业集中度较高时，如果企业拥有较高
的资产负债率或者主动通过杠杆收购等方式提高资产负债率，则企业可能面
临在产品市场丢失市场份额和营业利润急剧下降的趋势；而其竞争对手可能
获取较高的市场份额和利润的增长。蒂特曼和奥普勒（Titman and Opler，

1994）研究发现当面临经济衰退时，在一个行业中资产负债比率处于前十分位的企业相对于资产负债率处于后十分位的企业其销售收入要多下降26%；同时，处于前十分位的企业相对于资产负债率处于后十分位的企业其股权价值也下降接近26%。他们的发现意味着在产品市场竞争中，如果企业面临较高的杠杆就可能被竞争对手掠夺的风险；如果企业有较低的资产负债率则企业有可能掠夺竞争对手。菲利普斯（Phillips，1995）基于美国四个行业1980~1990年的财务数据研究发现：如果企业所处行业进入壁垒较高，则企业资产负债率增加会导致企业市场竞争力下降，具体体现在企业的市场占比和销售量的急剧下降；如果企业所处行业进入壁垒较低，则企业资产负债率增加会导致企业市场竞争能力上升，具体体现在企业市场占比和销售量的急剧上升。因此，为了降低被竞争对手的掠夺风险，在市场集中度较高的行业中企业可能保持较低的资产负债率。坎贝尔（Campell，2003）基于1976~1996年美国的数据研究发现，如果企业处于竞争环境中，当宏观经济进入衰退时期时，资产负债率较高的企业产品销售量下降非常厉害；而资产负债率较低的企业，这时候更多的在产品市场上抢夺市场份额。而当宏观经济处于相对繁荣的时期，如果企业增加资产负债率会导致企业获得微弱的产品市场竞争优势。

为了更好地检验资本结构与产品竞争的关系，一种方法是利用自然试验来分析，从而有效地减少内生性问题。企业提高资产负债比率的一个重要外生试验室企业进行杠杆收购，研究表明杠杆收购会增加产品市场竞争程度。科奇纳尔（Kochnar，1996）研究发现杠杆收购更容易发生在较少投资机会和没有资产专用性的企业，这类企业债务融资的代理成本更小。然而，这类企业一旦通过杠杆收购进行融资，则该类企业在产品竞争就不具有攻击性，从而削弱其产品市场上的竞争力，而竞争对手可能在产品市场上增加其市场份额；而且可能有新进入的企业，从而降低整个产品市场的集中度（Chevalier，1995）。然而，也有研究表明企业过高的资产负债率可能会提高行业集中度。一种原因是企业如果有过高的债务，则企业可能无法扩大投资放弃净现值（NPV）为正的项目，甚至面临退出行业的可能，从而提高了行业

的集中度（Phillips，1995）；另外一种原因是债务过高会影响企业生存，许多企业被迫清算，从而提高市场集中度（Harris and Raviv，1990）。科文诺克和菲利普斯（Kovenock and Phillips，1997）基于美国 1979～1990 年的数据研究发现，在市场结构相对集中的行业中，如果企业采用杠杆收购等高负债的手段可能会导致企业面临竞争对手的挤压，从而缩小自身的市场占比和销量；相反，企业如果采用相对保守的财务手段则当交易对手采用高负债策略时，企业可以增加产品的产量和市场份额。津加莱斯（Zingales，1998）基于美国方式运输行业管制这一外生事件，分析产品市场竞争与企业资本结构的关系。通常认为行业管制的解除是降低了企业的行业进入壁垒，从而加剧了行业的竞争程度。津加莱斯研究发现在市场竞争加剧后，许多资产负债比率较高的企业倒闭了，而且有些企业是经营效率相对较高的企业。这说明产品市场竞争越激烈，高资产负债率的企业越容易倒闭，即使是经营效率较高的企业也容易倒闭。

梅内德斯（Menedez，1997）基于西班牙 1991～1994 年的数据研究了产品市场竞争状况与资本结构的相关关系。其研究发现企业产品市场集中度与企业的资产负债率水平没有现在的相关关系。谢华德（1999）基于美国 1975～1994 年的制造业数据研究发现企业当面临不同的不确定性时其资产负债率变化的利弊不同。如果企业的不确定性主要来自需求，则企业在产品市场竞争环境下有利的负债策略是增加资产负债比率；如果企业面临的不确定性来自成本，则企业在产品市场竞争环境下最优的负债策略是降低资产负债比率。卡纳和提斯（Khanna and Tice，2000）基于 1975～1996 年与沃尔玛进行竞争的超市进行分析。其分析结论表明企业在产品市场的竞争力与企业的规模和利润正相关，而与企业的资产负债比率负相关。

麦基和菲利普斯（Mackyay and Phillips，2000）在分析产品市场竞争与资本结构关系时将技术也考虑进来。其研究发现，如果企业的技术水平高于其所处行业内其他企业的技术水平，则企业通常会有较高的资产负债率。这是因为企业在该行业中具有比较优势。而且，其研究发现企业的资产负债率通常与行业整体的资产负债率呈现显著的正相关关系。其研究发现在位的企业由于相对规模较大、风险承受能力较强，从而有实力承担较高的资产负债比率。莱安德斯（Lyandres，2003）详细地分析了产品市场结构与企业资产负债率之间的关系。其从价格竞争、产量竞争等维度定义了产品市场结构，研究发现产品市场竞争越激烈，则企业的资产负债率越高。塞缪尔（Samuel，2013）基于 1998~2009 年 257 家南非企业从产品市场竞争视角研究了资本结构和产品市场的关系。其研究发现资本结构与企业绩效的关系受到产品市场竞争的影响，使用全新的 Boone 指标（Boone indicator）来衡量产品市场竞争状况（Boone，2008）。

秀高和三谷（Hidetaka and Mitani，2014）基于 1989~2004 年东京股票交易所 799 家制造业企业数据分析了资本结构和企业所处产品市场竞争地位的关系。虽然从理论上讲企业资本结构对产品市场竞争的影响取决于产品市场是古诺竞争还是伯特兰竞争。然而，作者研究发现无论哪种竞争，资本结构对企业的市场份额都是正向的影响。这种实证结果比较好地支持了有限责任假说。同时，该文也分析了企业市场份额对资本结构的影响。企业市场份额越高则企业的债务融资率越低。一种可能的原因是企业为了保持其竞争优势，从而限制对债务的融资水平。

前文分析了资本结构如何影响产品市场竞争程度，而产品市场竞争程度也会对资本结构产生影响。伊斯塔蒂耶和罗德里格斯（Istaitieh and Rodríguez，2002）实证研究发现在集中度高的行业企业的资产负债比率较高；而企业的高杠杆会反过来提高企业的行业集中度。因此，企业的杠杆和行业集中度形成动态的正向循环。具体而言，其发现竞争程度较高行业的企业持有较低的资产负债率，而行业集中度较高的企业持有较高的资产负债率。

尼克尔（Nickell，1996）研究表明产品市场竞争和债务融资都可以作为一种治理机制，因此其相互之间存在一定的替代效应。根据代理理论，产品市场竞争作为一种约束机制能够有效地防止经理人的卸责和构建企业帝国等代理问题；而债务融资也可以作为一种代理治理机制。因此，产品市场竞争与债务融资率之间呈现负相关关系。

前面的文献综述了产品市场竞争结构对资本结构的影响，然而本研究在

同样的行业竞争结构中发现，不同的企业可能还存在不同的资本结构选择。除了企业自身的特征会对资本结构产生影响外，另一个重要的原因是不同企业在行业内的竞争地位不一样。如艾巴尔等（Aybar et al.，2001）研究表明如果一个企业在行业内规模相对较大具有竞争优势，则该企业能够承受较高的资产负债。潘迪（Pandey，2002）从代理成本和破产成本相互作用的角度出发分析了产品市场竞争和资本结构之间的关系。其研究表明产品市场竞争程度和资本结构呈现倒"U"型结构。具体而言，其研究发现在产品市场上的竞争优势最强和最低的企业都持有较低的资产负债比率，而竞争优势处于中等的企业拥有较高的资产负债比率。菲利普斯和麦凯（Phillips and Mackay，2005）分析了产业对资本结构的重要决定作用。其研究发现对于企业的资本结构的变化，产业结构的变化能够解释13%，而企业的固定效应能够解释54%，剩下的33%由行业内企业之间的竞争解释。其研究发现企业的资产负债率受到企业在行业中地位的影响。具体而言，其发现如果企业的资本劳动比率低于行业的资本劳动比率中值，则企业资产负债比率相对较低；如果企业的资本劳动比率高于行业的资本劳动比率，则企业的资产负债比例相对更高。这与马西莫维奇和泽西纳（Maksimovic and Zechner，1991）的研究结论一致，即如果一个企业自然边界处于行业的核心地位，则企业面临更少的现金流风险。这篇文献的贡献在于其发现企业的资本结构受到与行业相关的因素的影响，而不单纯是行业的固定效应的影响。

苏迪托（Sudipto，2014）分析了企业在产品市场上的弹性和市场地位与资本结构的影响。产品市场上的弹性是指企业根据产品市场的变化调节产品价格和产品产量的能力。其研究发现如果企业产能在得到充分利用的条件下，产品市场弹性和企业的市场地位对企业的资本结构没有影响。然而，如果企业的产能在没有得到充分利用的条件下，企业产品市场上弹性越大，则企业越有能力应对产品市场上的冲击，从而企业可以承受更高的资产负债率；同时，企业在行业中的市场份额越高，则企业在市场中的竞争优势越明显，则企业也可以承担更高的资产负债率。其通过数值模拟表明企业在产品市场的弹性对于企业资本结构的选择有重要的意义。

2.1.2.2 国内文献综述

从国内的实证研究来看，对产品市场竞争与资本结构关系的研究结论可以分为三类：产品市场竞争的程度与企业资产负债率正相关；产品市场竞争的程度与企业资产负债率负相关；产品市场竞争的程度与企业资产负债率较弱，二者几乎没有联系，或者二者之间的关系随着企业外部环境的改变而呈现不同的特征。

一种观点认为，产品市场竞争的程度与企业资产负债率之间存在显著的正相关关系。刘凤良和连洪泉（2012）对我国上市公司的产品市场竞争策略与公司的负债融资决策之间的关系进行了研究，实证结果显示，公司的产品市场竞争策略与负债决策之间存在相互决定的关系，总体上，二者是显著的正相关关系，产品市场竞争程度会显著增加公司的负债水平，但是对于较低资产负债率水平的公司来说，产品市场竞争程度与负债水平是显著的负相关的关系。周雪敏（2009）也研究了产品市场竞争与企业资产负债率之间的相关关系，也认为产品市场竞争程度与企业资产负债率之间存在显著的正相关关系，除此之外，公司规模也是影响资本结构的重要因素。

姜付秀和刘志彪（2005）把二者的关系置于经济波动的环境中进行考虑，研究结果说明，当经济波动对企业的需求产生冲击时，激进型的资本结构对企业的市场份额产生不利影响。当企业的外部需求处在紧缩阶段时，企业预期的经济增长趋势将上升，从而其预期的需求会增加，因此有较强融资能力的企业会增加负债水平。杨雯（2009）以食品饮料上市公司为样本，研究了资本结构对产品市场竞争的影响。首先通过建立差别化的双寡头竞争模型说明，有外界冲击存在使企业在不确定性的经营环境中，企业负债会加剧企业在产品市场竞争程度。刘志彪等（2003）把企业资本结构的选择看成是企业向市场发出的承诺，他表示企业向行业内其他企业发出强硬或温和的战略信号，企业的资本结构与所在的产品市场竞争强度之间具有显著的正相关关系。

也有部分学者认为产品市场竞争程度与资产负债率之间存在显著的负相关关系。王怀明和吴一兵（2004）首先从理论上说明，产品市场竞争程度

与企业的资本结构之间存在显著的负相关关系，然后以我国上市公司为样本进行了实证研究，结果显示：上市公司产品市场竞争强度与公司的负债水平呈显著的负相关关系，我国上市公司资本结构中大约 11% 的部分可以由产品市场竞争的因素进行解释。朱武祥等（2002）以燕京啤酒为例，分析了企业的产品市场竞争对企业财务保守行为的影响，通过构建两阶段模型说明，当企业预期的未来竞争程度越激励，企业当前选择的债务规模就越低，从而保持较低的债务融资率。最后，以燕京啤酒为例对构建的模型进行了验证，证实了模型的正确性。

姜付秀等（2008）对产品市场竞争程度与企业资本结构的关系从静态与动态两个角度进行探讨。实证结果表示：不管从静态角度还是从动态角度，产品市场竞争对企业资本结构偏离目标资本结构水平都会产生显著影响，企业产品市场的竞争程度越大，公司资本结构偏离目标资本结构的幅度就越小，同时，随着企业产品市场竞争程度的加剧，企业的资本结构越来越向目标资本结构靠拢。但是，他们的研究也表示，企业在产品市场竞争中的动态变化与资本结构动态调整的速度是相互独立的，彼此不受影响。戚拥军和严小燕（2011）认为前人的研究忽略了二者之间相互影响的关系。他们通过建立联立方程模型对二者的双向互动关系进行了检验，检验结果显示，企业的负债比例与产品市场竞争强度之间确实存在显著的双向影响的负相关关系。

但也有很多文献认为，产品市场竞争程度与企业资本结构之间的关系较弱，二者几乎没有联系，或者二者之间的关系随着企业外部环境的改变而呈现不同的特征。赵蒲和孙爱英（2004）分别从产品组织、资本市场和治理结构三个方面考察了产品市场结构与企业的财务保守行为。通过实证研究发现，由企业所处的产品市场竞争环境决定的企业自身的内源融资能力是决定企业财务保守行为最关键的因素。我国股价高估的资本市场环境、一股独大等治理结构环境等因素使得非流通股偏好于从增发和配股中获得利益，这就客观上造成了上市公司的财务保守行为。总体上，我国上市公司较少考虑产品市场竞争与资本结构之间的联系与协调。实际上，他们的结论表明二者之间的关联性较弱。李青原等（2007）以 2001～2003 年上市的制造业为样本进行了研究，通过实证研究发现，在其他条件不变的情况下，制造业公司财务杠杆会随着产品市场竞争性的增加而增加，但是当产品市场竞争程度达到某一临界值后，公司的财务杠杆会逐渐下降。张萍和翟银霞（2010）认为产品市场竞争程度、企业的市场竞争能力以及企业的竞争战略都是影响企业资本结构决策的重要因素。

不同的产品市场竞争程度对企业资本结构的影响不尽相同，在企业的产品市场竞争程度到达某一临界值前，产品市场竞争程度与资本结构之间是正相关关系，但是在达到该临界值后，二者呈现显著的负相关关系。金雪军和贾婕（2003）认为，企业的资本结构与产品市场上竞争强度的关系会受到企业融资的代理效应和策略效应的影响，只有在企业融资的代理效应与策略效应达到平衡时企业的融资决策才达到最优，所以，二者的关系取决于代理效应与策略效应谁占主导，企业会根据这些因素对企业的资本结构进行相应的调整。姜付秀和刘志彪（2005）首先根据增长率产业分类法，对我国上市公司进行了分类，在此基础上探讨了不同行业的资本结构，然后，利用1997～2001 年我国上市公司的数据，通过面板数据得出，在不同的行业，二者的关系呈现不同的特征：对于成熟的产业，企业资本结构与产品市场竞争是显著的正相关关系，但对于衰退和成长性产业，二者却是显著的负相关关系。

姚益龙等（2010）认为企业的有效责任效应和破产风险效应是影响二者关系的重要原因。随着企业产品市场竞争程度的加剧，公司的负债水平会逐渐增加，但在达到某一临界值之后，企业的负债会逐渐降低，因此，二者存在倒"U"型的关系。左志锋和谢赤（2008）认为，对于生产型企业来说，资本结构与产品市场竞争的策略是企业的两项重要决策，二者也存在紧密的联系。在不存在破产成本及对手财务杠杆率较低的情况下，企业债务杠杆促使企业财务的进攻型行为，这样会加剧企业在产品市场上的竞争程度；相反，当企业存在破产成本及市场竞争较强的情况下，企业的债务杠杆会使得企业降低进攻，从而缓解企业在产品市场上的竞争程度。李青原和王永海

（2008）从供给的视角，通过建立理论模型对二者的关系进行了研究，理论结构显示，公司的资本结构与企业的盈利能力和资产专用性都是负相关关系，在企业条件不变的情况下，企业的资产负债率会随着产品市场竞争的增加而增加，但在产品市场竞争增加至某一临界值后，企业的资产负债率会逐渐下降。

张耀辉和万水林（2005）通过构建理论模型证明了产品市场竞争是决定企业融资决策的重要依据。对于我国企业来说，不存在外部规模效应是企业债务融资战略的重要条件，企业的融资行为受到产品市场的集中度、企业规模等关键因素的影响，企业会以财务危机成本为依据进行决策，来限制企业的债务水平。谈多娇等（2010）通过把国有控股企业与民营上市公司进行对比后发现，资本结构是导致国有上市企业与民营上市企业在产品市场上竞争出现较大差异的关键原因。

2.2　企业债务融资期限文献综述

债务融资期限的形成是债务人和债权人博弈的结果。债务人作为债务的需求方选择对自己最优的债务融资期限，同时债权人作为债务的供给方也会选择供给对自己最优的债务融资期限，企业最终形成的债务融资期限是二者博弈形成的均衡。从债务人角度来看，企业为了实现自身价值最大化，通过债务融资期限的选择可以实现税盾效应、债务期限和资产期限的匹配、向市场传导信号和解决股东和经理层的委托代理问题。从债权人的角度来看，债务融资期限选择成为债权人保证自身资金安全的手段，比如短期债务更容易被债权人自身控制。因此，大量的文献从影响债权人资金安全的角度来探讨债务融资期限的影响因素，如从一国或地区的腐败程度、企业破产执行力度、债务契约的保护力度等视角来分析企业债务融资期限的形成。下文就从债务融资期限形成因素的税收理论、期限匹配理论、信号传递理论、代理成本理论进行理论文献梳理。而从债权人保护的角度对外部环境、企业自身因素如企业治理结构等进行实证文献综述。

2.2.1　企业债务融资期限理论研究

从债务融资期限形成因素的税收理论、期限匹配理论、信号传递理论、代理成本理论进行理论文献梳理。

就税收理论而言，债务融资期限的选择反映企业在税盾效应和其他风险之间权衡的结果。在绝大多数国家债务利息都可以抵扣应税收入，从而存在税盾效应。然而税盾效应的发挥会因为债务融资期限的不同而不同，从而企业为了最大化税盾效应而对债务融资期限进行优化安排。

期限匹配理论即要求企业的债务融资期限和资产期限相匹配的，长期资产用长期负债来匹配、短期资产用短期负债匹配。莫里斯（Morris，1976）最早提出该基本思想，其发现如果债务融资期限短于资产期限，当债务到期时也许没有充足的现金来偿还债务，面临再融资的流动性风险；如果债务融资期限长于资产期限，那么将面临资产产生的现金流已经停止而债务支付却仍然继续。而迈尔斯（1977）从投资激励的角度阐释债务期限和资产期限匹配的合理性。因为当资产到期时企业面临再投资决策，如果此时相应的债务也到期，那么就会使企业在面临新的投资机会时有正常的投资激励，即为了降低企业的代理成本，资产期限和债务融资期限匹配是企业最优的选择。同时，哈特和摩尔（Hart and Moore，1989）从动态资本结构的视角也发现企业债务期限和资产期限匹配的现象。其研究发现企业根据其对未来投资现金流状况来安排债务融资期限。如果企业短期内没有现金流入，而长期内有大量现金流入时企业将配置更多的长期负债，这意味着增长较快的企业可能配置更多的长期负债。其认为长期资产如机器设备、租赁改良等应该用长期债务匹配，而流动资本项目则应该用短期负债来支持。米奇（Mitchen，1991）提出期限匹配能够缓解利率风险给公司带来的风险。因此从风险管理的角度看，利率不敏感的资产应该匹配利率不敏感的负债。

信息不对称理论提出企业拥有关于自身信用和项目质量的信息，而该类信息债权人通常难以观察和甄别，从而引发逆向选择和道德风险问题。具体而言，逆向选择会导致投资者对债务进行平均定价，其中高质量的项目被过

低定价，而低质量项目可能被过高定价，而投资者也是理性的，从而可能会导致其为企业提供融资的激励削弱。这时高质量的公司为了满足自身融资需求就利用各种工具传递自身质量的信号。这时债务人利用债务融资期限作为信号发送的手段，也减少信息不对称给公司带来的价值低估和融资问题。

代理成本理论是认为激励问题即内部人和外部人之间的利益冲突会影响公司的投融资决策的选择，包括债务融资期限的选择。企业通过债务融资期限的选择可以解决投资不足和投资过度等问题。根据詹森和麦克林（Jensen and Meckling，1976）的分析，企业的代理问题主要包括两类：一类是股东和管理者之间的冲突；另一类是债权人和股东之间的冲突，伴随着两类代理问题会产生代理成本。代理成本通常包括委托人监督代理人的监督成本、合约成本以及剩余损失。通常代理问题包括：投资不足问题、过度投资问题、资产替代问题。

短期债务能够一定程度上解决投资不足问题。迈尔斯（1977）认为短期债务同样能够通过与债权人的再谈判而减少此类冲突，提高公司价值。这是因为短期债务可以以较高的频率重新定价，因此股东的投资决策对债务价值的影响较小，从而股东面临投资不足的问题得到一定程度缓解。在这里迈尔斯（1977）隐含的假设是在特定期限内企业通过发行短期债务的总成本要高于一次性发行长期债务的成本。如果不存在该假设，则所有企业都会选择发行短期债务。短期债务成本通常包括每次发行的固定费用、再融资成本等。因此，在企业拥有较高增长机会时，企业应该发行更多的短期债务。

短期债务能够一定程度上解决过度投资问题。巴恩斯和森贝特（Barnea and Senbet，1980）同样提出缩短债务期限能够降低代理成本，其原因在于债务到期能够帮助外部人（债权人）识别内部人（债务人）关于公司和项目质量等信息状况。史密斯（Smith，1986）提出受到管制的企业由于具有较少的自主支配权从而面临较少的过度投资的问题，从而受到管制的企业可能会拥有较长的债务期限。

短期债务除了能解决投资不足和过度投资问题外，还能解决资产替代问题。资产替代问题是当公司有负债时，股东的权利类似一个看涨期权，从而股东有激励放弃低风险项目而将负债资金投向高风险项目。由于公司股东可以从高风险项目中获利，而当项目出现风险后，债权人承担主要代价。然而债权人也是理性的，为了降低其面临的风险，通常会通过限制性条款来进行控制，这也会产生代理成本。为了缓解资产替代问题，短期债务会通过经常回流现金流来约束股东的风险偏好行为。具体而言，如果企业将低风险债务资金投资于高风险项目，则企业再次融资时可能会遭到债权人拒绝，从而企业面临融资障碍。

2.2.2　企业债务融资期限实证研究

债务融资期限影响因素从实证研究上来讲可以从两个维度出发：一是从外部制度或者非制度环境对债务期限的影响；二是企业自身的特征，包括企业成长、公司治理状况、资产期限等要素。

2.2.2.1　外部制度环境

外部制度环境对于债务融资期限影响的根本机制是外部制度环境会影响债权人的资金安全，从而债权人从资金安全的角度对债务融资期限进行控制。具体而言，由于短期债务相对长期债务更能够方便监督和控制债务人的道德风险问题。债务期限越长，债权人对债务人监督成本越高，债务人违约的可能性也越大，从而对于长期债务而言外部履约机制更重要。因此，如果外部制度环境不利于债权人资金安全时，债权人更偏好为企业提供短期资金。外部制度环境包括法律制度、税收制度等正式制度以及风俗习惯、文化等非正式制度。

（1）法律制度。

从法律制度上来看，代米尔古·昆特和马克西莫维奇（Demirgüç–Kunt and Maksimovic，1999）研究发现，法律体系越健全的国家其企业的债务融资期限越长。因为更健全的法律体系意味着借贷双方根据法律来执行合同，这时对于债权人而言其借出的资金更容易通过正常渠道收回。具体而言，代米尔古·昆特和马克西莫维奇（1999）基于1980～1991年30个国家的债务融资期限进行比较，其研究发现发达国家更多的使用长期负债，而发展中国家

更多的使用短期负债。就工业国家的研究发现，不同法律体系下债务期限呈现不同的差异。具体而言，其研究发现普通法系的企业能够获取更长期限的债务，而大陆法系的企业获取的债务期限相对更短。其中普通法系采用的国家大多为英美国家，这些国家相对而言采用判例原则、司法相对独立并具有不成文法；而采用大陆法系的国家主要为德法其主要采用成文法（如《拿破仑法典》《俾斯麦法典》），并且法官是政治任命，从而相对于普通法系大陆法系更容易受到利益集团的影响。而根据拉波塔等（La Porta et al.，1997）的研究表明普通法系对债权人的保护力度相对于大陆法系更强。马格里（Silvia Magri，2006）同样分析发现不同的法律体系对企业违约后是否进行破产处理呈现出巨大的差异，进而债务融资期限呈现巨大差异。在有明确的破产条款或破产法执行力度较强的国家或地区，由于债权人的利益可以通过对企业破产来得到保护，从而这些国家的企业的债务融资期限中长期债务较多。而在没有破产法的国家或者破产法执行较差的国家，由于债权人利益难以通过破产清算等手段获得保护，通常企业的债务期限结构短期债务居多（Fan et al.，2012）。钱和斯特拉恩（Qian and Strahan，2006）利用贷款数据同样研究发现更强的债权人保护意味着企业可以获取更长期限的债务。

（2）非正式制度。

有研究发现在法律制度不完善的国家，有替代性的保护债权人的制度或者规则安排，那就是政治联系（Faccio，2006）。通常有政治联系的企业（高管是有政治任职经历、市场化程度较低地方政府保护力度较大地区的企业、高管控股的企业）因为有政府的强力干预和隐性担保从而债权人的资金安全性更高，导致这些企业能够获得更长期限的债务融资。同样，代米尔古·昆特和马克西莫维奇（1999）研究发现企业债务期限与政府对投资者的支持程度呈现显著正相关关系，这是因为政府支持隐含了政府的信用担保，从而促进债权人提供长期债务。

关于中国政治联系对债务融资期限的影响，孙铮等（2005）最早进行探索。孙铮等（2005）研究发现政府对企业的干预程度越深，则该企业能够获取更长期限的债务。朱家谊（2010）同样研究表明政府干预程度与企业债务期限正相关。对于政府干预其主要是通过政府干预指数和企业最终控制人所有权性质（中央政府和地方政府）来测度。具体而言，其研究表明政府干预程度越深，债务期限越长；而地方政府控股的企业相对中央政府企业而言更偏好，也获得更多的长期借款。该研究使用声誉机制来解释政府干预促进企业获取长期债务这一现象。如果借款人有较好的声誉，债权人相信其违约风险较小，从而愿意为其提供较长期限的负债。

然而不仅仅企业的政府联系会影响债务融资期限，企业家的政治联系也会影响债务融资期限。李健和陈传明（2013）基于 2001~2007 年的数据研究发现，如果企业家拥有政治联系则企业将会获取更长的债务期限。该文使用董事长曾经在政府（中央政府或者地方政府）任职来度量该企业是否具有政治联系。其认为政治联系能够促进企业获得更长期限债务原因是政治联系作为一种非正式的制度，有效地降低了债权人长期债务融资的违约风险和监督成本。具体而言，该研究认为企业家政治联系作为企业的一种声誉机制能够降低企业不履行债务契约的风险；企业家政治联系能有效防范来自外部对企业产权侵害的行为，以及由此降低债权人面临的风险，这有利于企业获取长期债务；企业家政治联系能够干预国有银行为企业提供资金；企业家政治联系能够帮助企业从体制中获取财政补贴或者更低的税负，从而有助于增加企业的还款能力。该研究还发现，如果企业家拥有的是地方政府的政治联系，其能够获取相对于中央政府政治联系更长的债务期限；以及对民营企业而言，企业家政治关系和企业债务融资期限结构之间的正相关关系更显著。

（3）契约条款。

从微观上来讲，比尔特等（Billett et al.，2007）通过构建债务契约的债权人保护指数，研究发现债务契约的债权人保护指数越高则越能保障债权人利益，则企业越能获得更长的债务合同。这意味着通过微观契约对债权人的保护也能够帮助债权人获取更长期限的债务。通常的限制性条款包括防止债权缩水条款和界定控制权条款。其中，防止债权价值缩水条款包括限制对股东进行支付包括支付现金红利、进行股权回购或者进行关联交易；或

限制公司进一步举债，包括限制公司新债的发行、新债发行的优先级等；或者限制企业对新业务的投资。界定控制权条款通常包括对企业绩效不好的要求控制权转移到银行；对信息披露进行限制；对会计准则的使用进行限制。

（4）综合研究。

在前人的基础上，范和蒂特曼（Fan and Titman，2012）分析了整个制度环境对债务融资期限的影响。范和蒂特曼（2012）基于 39 国数据系统地研究了制度环境对债务融资期限的影响。其研究发现，一个国家的法律制度环境、税收系统以及腐败水平资本供应方的偏好等对债务融资期限有显著的影响。其研究发现，如果一国相对更腐败，则该国企业融资来源更多使用债务融资，而债务融资中更多使用短期负债；如果一国法律保护制度较为健全，则该国企业更多地使用股权融资和使用更长期限的债务融资；如果一国有显性的破产制度则该国企业具有更长的债务期限。同样，科雷亚等（Correia et al.，2014）利用 13 个欧洲国家的数据同样研究证实了法律制度和债务期限的关系，研究表明法律保护制度越好，则企业能够获取更长期限的负债；同时，研究发现如果一国金融系统以银行为主，则该国公司债务期限结构以短期债务为主。还有研究对制度动态变化的影响进行了分析，如阿卡等（Şenay Ağca et al.，2014）利用 1994～2002 年 38 国的数据研究分析金融市场改革和金融开放程度对债务融资期限的影响。该研究发现伴随信贷市场自由化程度加深，企业能够获取更多的长期债务；而金融开放程度增加会降低企业的债务期限。

2.2.2.2　企业自身特征

企业自身的特征，包括企业成长、公司治理状况、资产期限等要素，首先是债务融资期限理论预测的相关要素对债务融资期限的影响，其次是对相关公司治理等要素的分析。

（1）相关理论实证检验。

目前有大量的文献对各种前述的债务融资期限理论进行了实证检验。下面对各种理论的检验概况进行简要的综述。

代理成本的实证检验状况。根据前面的理论分析，投资机会是检验代理成本假设的最重要变量。而计量投资机会的变量可能包括市值净值比（MV/BV）、资产历史增长率或 R&D 以及资本支出。巴克莱和史密斯（Barclay and Smith，1995）使用市值净值比（MV/BV）度量企业投资机会，研究结果发现投资机会越多的企业使用更多的短期负债，从而验证了迈尔斯（1977）提出的代理成本假说。戈亚尔等（Goyal et al.，2002）研究美国军工企业的债务融资期限和成长机会的关系。研究发现成长机会与企业的债务水平和债务融资期限负相关。约翰逊（Johnson，2003）基于美国 1986 ~ 1995 年的数据利用两阶段二乘法，研究发现短期债务能够一定程度上缓解投资不足问题，但是债务期限最短的公司其成长机会效应并没有完全消失，这意味着短期债务无法彻底解决投资不足问题。同时，该文还发现如果公司拥有的成长机会越多，则容易出现资产替代问题，而短期债务可以缓解资产替代问题。同时，后续大量研究都证实企业的成长机会（用托宾 Q 或资产历史增长率或 R&D 以及资本支出来衡量）与企业期限结构负相关，这就进一步验证了 Myers 的假说（Datta et al.，2005；Antoniou et al.，2006；Custódio et al.，2012）。

期限匹配假设实证检验情况。斯托斯和莫尔（Stohs and Mauer，1996）利用采用加权平均资产期限作为资产期限的代理变量，实证研究表明资产期限与债务期限显著正相关，这检验了期限匹配原则。关于期限匹配理论后续的实证检验大多一致支持该理论假说，即资产期限越长（使用固定资产或有形资产占总资产的比重来度量资产期限），企业的债务期限越长（Scherr and Hulburt，2001；Fan et al.，2012）。

税盾假设实证检验状况。虽然在理论上基本一致认为税盾效应的重要性，但是在实证研究关于税收对债务融资期限的影响呈现不同的结论。例如，巴克莱和史密斯（1995）、奥兹坎（Ozkan，2000）和袁卫秋（2005）的研究没有发现税收对债务融资期限有显著的影响；同时，舍尔和赫尔伯特（Scherr and Hulburt，2001）和袁卫秋（2005）研究发现税收对企业债务融资期限的选择有较小的影响；然而，金等（Kim et al.，1995）、斯托斯和莫

尔（Stohs and Mauer，1996）、肖作平（2009）的研究结论发现税收对期限结构有显著的影响。具体而言，米切尔（Mitchell，1993）检验了有效税率和债务融资期限之间的关系，其中，有效税率为所得税比税前支出。研究发现有效税率和债务期限呈现显著的负相关关系。同时，该研究检验了企业债务期限与企业价值波动的关系，其中用企业息税前利润（EBIT）收入一次差分的标准差和资产的比率作为企业价值波动变量。研究表明，企业价值波动与债务期限呈现显著负相关关系。

信息不对称理论实证检验状况。关于信号传递理论的实证研究虽然存在少部分不显著的证据（Guedes and Opler，1996），但是大多数实证研究都是支持信号传递理论假说的（Barclay and Smith，1995；Stohs and Mauer，1996；Daniservska，2002；Datta et al.，2005）。米切尔（Mitchell，1991）基于1982～1986年发行的265只债券数据，表明当企业面临信息不对称时，企业会通过发行短期债券来为高质量项目融资。米切尔（1993）利用事件研究法直接检验了信号假设。

关于流动性风险理论的检验。斯托斯和莫尔（Stohs and Mauer，1996）基于标准普尔评级将企业信用风险设定为高风险、中等风险、低风险虚拟变量。研究结论发现高风险等级和低风险等级的虚拟变量与债务期限负相关，从而验证了戴蒙德（Diamond）的流动性风险假设。伊利亚尼等（Elyasiani et al.，2002）使用债券评级和评级的平方作为企业质量的代理变量，并使用OLS进行统计分析。分析结果显示债券评级与债务融资期限正相关但不显著，而债权评级的平方与债务融资期限显著为负，这表明实证结果没有直接支持流动性风险。胡元木和王琳（2008）基于1997～2005年上交所的上市公司股票研究发现，当信息不对称程度较高时，低风险公司会更偏好选择短期债务，而高风险公司只能选择短期债务，而中等风险公司选择长期债务，从而验证了戴蒙德的假设。

同时，也有大量文献对债务融资期限的相关理论进行全面的检验。米切尔（1991）利用1982～1986年美国工业企业的数据比较详细地考察了不同的债务融资期限理论。其研究拒绝了期限匹配理论、支持信息不对称理论和税收利率以及代理成本理论。然而该实证检验没有全面地控制公司规模、财务杠杆等因素，从而存在遗漏变量的误差。莫里斯（Morris，1992）利用COMPUSTAT中的1986~1987年140家公司数据，研究发现债务期限和资产期限高度匹配；同时也发现企业成长机会和债务期限负相关，从而验证了代理成本假说。丹尼斯瑞卡（Daniseryska，2002）利用资本市场数据直接检验了信息不对称理论。其利用分析师盈余预测偏差来衡量信息不对称程度，分析师盈余预测偏差越大，则信息不对称程度越高。信息不对称程度越高，则公司拥有更多短期债务。贝格等（Berger et al.，2004）利用商业银行的贷款数据检验了戴蒙德的流动性风险理论。其研究结论表明低风险公司相对于高风险公司和中等风险公司都更偏好使用短期债务，而当信息不对称程度增加时，这类公司的债务融资期限增加。从而整体与戴蒙德的流动性风险理论不一致。

就中国的实证分析来看，杨胜刚和何靖（2007）利用1998~2005年中国上市公司的数据全面检验了代理成本理论、期限理论、税收理论等。检验结果发现资产期限与长期债务显著正相关，支持期限匹配假设；企业资产规模与债务融资期限不是呈现倒"U"型结构，从而不支持流动性风险假设；有效税率与债务融资期限没有显著的相关关系，从而不支持税收理论；异常未来收益与债务融资期限没有显著的相关关系，从而不支持信号理论。肖作平（2009）基于1998~2004年683家上市公司的平衡面板数据也比较完整地检验了相关债务融资期限的理论。研究结论发现公司资产负债比率与债务融资期限负相关，从而与流动性风险假说一致；异常盈余系数不显著，无法验证信号理论；实际税率系数为正，验证了税收理论；资产系数现在为正，从而支持代理成本理论。

（2）公司治理对债务融资期限的影响。

有研究表明，企业的公司治理状况也会对上市公司债务融资期限产生影响，公司治理包括股东结构、管理层状况等维度。对于公司治理对债务融资期限的研究可以分为两类：一类是单独研究各类公司治理特征对债务融资期限的影响；另一类是综合研究整体公司治理状况对债务融资期限的影响。所

有的研究表明，良好的公司治理能够有效地帮助企业获取更长期限债务。这是因为短期债务在一定程度上发挥公司治理的作用，从而债务期限与公司治理具有替代效应。短期债务发挥治理机制包括：高频率的提取现金，从而可以防止经理人的在职消费或者过度投资；债务激励经理人更努力地工作，否则如果企业破产经理人将面临被解雇的风险。

马尔基卡（Marchica，2001）基于 1990～1999 年英国上市公司的数据分析了所有权结构和债务期限之间的关系。研究结论表明大股东股权较为集中能够有效地监督管理层，从而企业可以获取更长期限的债务。马尔基卡（2005）研究还表明股东的身份也可能影响债务融资期限。其研究发现由于非机构投资者能够有效监督管理层，从而非机构投资占比与债务融资期限正相关。另外，该研究发现高管持股与债务融资期限不明朗。从机制上来讲，高管持股比率越高，则管理者越不愿意外部监控，从而更愿意融入长期债务资金；同时，管理者如果持有大部分股份则管理者在支付同债权人代理成本，从而有需求通过发行短期债务来降低代理成本。达塔等（Datta et al.，2005）研究分析了管理层持股与债务期限的关系，研究表明管理层持股比例与债务期限呈现负相关关系。这是因为管理层持股越多，则外部监督越有利，从而其越倾向于选择短期债务；而管理层持股较少，则外部监督不力，从而其更倾向选择长期债务。钟炳顺（Beng‒Soon Chong，2006）利用亚洲企业的数据研究发现如果上市公司存在比较严重的公司治理问题，则上市公司更多的使用短期负债。

肖作平（2011）基于 2004～2008 年上市公司数据利用广义最小二乘法研究发现终极控股股东对上市公司债务融资期限的选择有重要影响。具体而言，其研究发现企业的终极控制权程度与上市公司债务期限负相关；控制权和所有权分离程度与债务期限负相关。该研究使用上市公司每个控制链条上最低的持股比例之和作为控制权的代理变量；使用每个控制链条上持股比率相乘作为所有权比率的代理变量。其认为终极控制股东的控制权与债务期限负相关的原因是：终极控股股东为了私人利益而去掏空上市公司，从而掠夺其他外部投资者（包括债权人）；终极控股股东的控制程度越高，则其掠夺的可能性越大；因此，债权人为了自身的债务安全对于该类企业不愿供给较长期限的债务。因此，终极控制股东的控制权越高则企业的债务期限越短。类似的，如果上市公司控制权和所有权分离程度越高，则上市公司通过隧道行为掠夺公司其他投资者的可能性越大，因而债权人为了自身资金安全也不愿意提供较长期限的债务。苏忠秦和黄登仕（2012）基于2002～2008年家族控制类上市公司数据同样研究发现企业的终极控制权程度与上市公司债务期限负相关；控制权和所有权分离程度与债务期限负相关。其研究还发现，如果控股股东在上市公司中指派高管，也会显著降低上市公司债务期限。

　　也有研究全面地分析了公司治理对债务融资期限的影响。众多研究表明短期债务由于能够帮助外部人（债权人、股东）较好地监督内部人（股东、管理层），从而发挥公司治理作用，从而公司治理和短期债务之间具有一定的替代效应。具体而言，短期债务由于需要较高频率的现金吐出，从而可以有效地、低成本地监督股东不进行资产替代等有损债权人的活动，并监督管理层不构建非盈利帝国等有损股东的活动（Hart and Moore，1995；Rajan and Winton，1995；Stulz，2000；肖作平，2010）。因此，大量的研究表明公司治理较好的企业能够获取较长期限的负债。肖作平和廖理（2010）同样研究发现如果企业公司治理水平较高时，企业能够获取更长期限的债务。该研究中企业更好的公司治理体现在管理人或者控股股东等内部人受到更为严格的监管，有更少的管理者壕沟。同样，谢军（2008）研究发现，如果债权人的利益得到更好的保障，则上市公司可能能够获得更长期限的债务融资。具体而言，该研究发现良好的公司治理和政府对企业的管制保护都能够促进企业获得更长期限的债务融资。该研究从大股东持股、董事会规模、独立董事比率、管理层薪酬等维度测度了公司治理状况；同时，该研究从行业是否具有保护性、地区的市场化程度以及企业是否具有国有性质等维度考察了政府对企业的管制保护程度。总之，其研究结论发现上市公司治理结构越好、政府对企业保护管制程度越深，则企业债务期限越长。

2.3 企业债务融资成本文献综述

2.3.1 企业债务融资成本理论研究

债务人的融资问题和债权人的贷款问题是一体两面。因此，债务融资成本问题实质是债权人对债务定价问题。当前文献中直接对债务融资成本进行分析的理论文献非常少，但是对债务定价有一系列的文献。这些文献对债权人定价分析实质也是对债务融资成本的分析。债务定价的核心是刻画内生债务违约行为以及其同债务价格之间的关系。当前主要的文献对债务定价可以分为结构化模型和简约模型。其中结构化模型是将公司债务定价与公司基本价值相联系；简约模型是将债务定价直接与各个经济要素联系，而不考虑经济学的理论基础，从而没有较为重要的理论意义。因此本研究侧重介绍结构化模型，而结构化模型的基础是默顿（Merton）债务定价模型，因此本研究对该模型进行了详细的介绍。

默顿债务定价模型是在布莱克和斯科尔斯（Black and Schoes，1973）期权定价的基础上扩展的。默顿（Merton，1974）将公司债券理解为公司资产的看跌期权，从而利用期权公司推导出债务定价模式。具体而言，该模型将债务看作债权人持有的证券，而将股票视为看涨期权。如果公司总资产价值大于债务价值时，股东最优选择是执行看涨期权，从而继续持有公司资产；如果公司总资产低于债务价值时，股东将公司出售给债权人则债权人持有公司。该模型假设：公司资本结构就包括债权和股权；公司资产和股权交易在阿罗—德布鲁一般均衡条件下（即市场是完全竞争、完备的、没有交易成本、没有税收、信息是对称的）；公司资产价值服从布朗运动：

$$dV_t = V_t u dt + V_t \sigma_v dw_t$$

其中，V_t 为企业在 t 时刻资产市场价值，u 为企业资产期望收益率，w_t 为布朗运动，σ_v 企业资产波动率。在这一系列假设下，默顿（1974）推导出来债务定价公式为：

$$y - r = \frac{1}{T-t} \ln \left[N(d_2) + \frac{V}{Fe^{-r(T-t)}} N(-d_1) \right]$$

其中，y 为企业的到期收益率，r 为无风险利率，T－t 为债券存续期，F 为债券的面值，V 为公司资产价值，d_1 和 d_2 反映违约距离，具体公式如下：

$$d_1 = \frac{\ln\left(\frac{V}{F}\right) + (r + 0.5 \times \sigma_v^2)(T-t)}{\sigma_v \sqrt{T-t}}$$

$$d_2 = \frac{\ln\left(\frac{V}{F}\right) + (r - 0.5 \times \sigma_v^2)(T-t)}{\sigma_v \sqrt{T-t}}$$

由上述公式可以观察到企业的债务融资成本与杠杆率正相关。这是因为杠杆率越高，企业的违约风险越大。而债务融资成本与期限的关系与杠杆率有关，当杠杆率小于 1 时，债务融资成本与期限呈现驼峰式关系；当杠杆率大于 1 时，债务融资成本伴随期限增加反而下降。资产波动越大，则企业融资成本越高。

默顿模型是利用期权的方法对传统定价理论的重大突破，该模型充分利用了资本市场的信息对债券进行定价并且能够对债券价格进行实时跟踪。虽然该模型深刻地刻画了债务定价最重要的要素，但是还是有一些缺陷。具体而言，模型对公司的资本结构刻画过于简单；模型对违约回收率的刻画有一定偏误。默顿模型有一系列假设，后续模型的扩展大多是突破默顿模型隐含的假设，包括对资产状态分布假设的扩展、对零息债券假设的扩展、对违约外生假设的扩展。

2.3.2　企业债务融资成本实证研究

企业的债务融资成本是如何决定的呢？基于默顿（1974）分析的框架，债务融资成本取决于债务违约的可能性和违约之后损失率或者回收率。简单来讲，如果债权人面临的违约风险越高和违约后损失率越高，则借款企业面临的负债融资成本越高（张合金等，2014）。从这个角度来看，各种因素主要从这两个渠道来影响企业的债务融资成本。而这些影响因素主要有三个层

次：外部的规制环境或管制环境和金融生态；企业所处的产业环境和互动关
系；企业自身的特质和风险特征以及特定债务合约的特征。具体来讲，外部
金融环境和债务合约的特征主要是影响债务的回收率和损失率；而企业所处
的产业环境和企业自身特征主要影响债务的违约率。

2.3.2.1　制度环境

（1）法律环境。

从外部的规则环境和金融生态来讲：对债权人的保护力度会显著影响到
企业的负债融资成本，在对债权人保护力度高的金融环境中，企业会面临更
低的债务融资成本。对债权人保护力度主要体现在企业破产时，债权人相对
于其他利益相关人对公司资产的索取优先顺序。这主要会影响到债权人债务
的回收率或者损失率。裴和戈亚尔（Bae and Goyal，2009）利用 49 个国家
的数据检验发现，对于债权人保护力度弱的国度，债权人会提高信用价差。
同时，债权人可能通过限制性条款来降低对债权人保护不利影响，从而也降
低了企业的融资融资成本（Darius and Natalia，2012）。不过这种限制性条
款对于债权人的保护效果未必如想象那么乐观，在大多数情况下，规则环境
对债权人的保护程度还是起主要作用。他们研究表明，因为破产法对债权人
保护力度不同，即使债权人采取限制性条款，各国因保护力度不同导致债务
融资成本的差异依然显著存在。曼西等（Mansi et al.，2009）利用美国的
各州数据研究表明如果企业所处州不同，法律对企业支出和投资的限制政策
不同会导致企业债务融资成本的差异。如果一个地区对企业投资限制政策更
有利保护债权人，则该地区企业的债务融资成本更低。

（2）金融生态。

魏志华等（2012）研究发现良好的金融生态环境能够降低上市公司的
债务融资成本。该研究使用上市公司注册地所在的金融生态环境指数来衡量
各个上市公司面临的金融生态环境。该金融生态环境指数由中科院金融研究
所编制（刘煜辉，2007；黄国平和刘煜辉，2007）。该指数主要从偿还能力
和偿还意愿两个维度来考察。偿还能力主要是从一个地区经济发展和金融系
统稳定状况来考察；偿还意愿主要是从一个地区信用环境、法律制度、政府

的效率和腐败水平等角度来考察。基于这两个维度，利用 DEA 等技术手段编制金融生态环境指数，该指数越高则金融生态环境越好。该研究发现企业所处金融生态环境越好，则企业的债务融资成本越低。同时，其研究还发现审计监督在金融环境较差的地区无法较好地发挥应有的监督作用。

张敦力和李四海（2012）研究发现企业所处地区社会信任程度越高，则企业债务融资成本（利息支出比贷款总额）越低。该研究使用张维迎和柯荣住（2002）调查的各地区的信任度指数，该指数越高则一个地区信任程度越高。其认为社会信任程度高的地区，借贷双方面临信息不对称程度而产生的交易成本降低，从而降低企业的债务融资成本。具体而言，一个地区社会信任程度较高，则该地区银行事前对企业信息搜集成本相对降低；以及银行对企业事后监督成本也相对下降，从而银行可以降低贷款利率。同时，该研究还发现社会信任程度和政治关系对债务融资成本的影响存在替代效应。

（3）政府补贴。

申香华（2014）研究发现政府外部的补贴能够发挥信号传递功能，降低银行和企业之间的信息不对称程度，从而降低企业的债务融资成本。对于银行等债权人而言，政府提供的补贴能够降低银行和企业之间的信息不对称程度，从而获取财政补贴的企业可以获得更低的贷款价格。同时，其研究认为由于低风险公司与银行之间的信息不对称程度较低，因此财政补贴对于低风险企业而言其降低债务融资成本的可能性不大；而对于高风险银行，其信息不对称程度较高，通过财政补贴降低债务融资成本的可能性更大、更显著。该研究利用 2007~2012 年上市公司数据进行实证分析，研究发现高风险公司获取财政补贴能够降低企业债务融资成本。其度量企业债务融资成本使用企业当前的利息支出除以一年银行短期借款和长期借款的均值。并且，其研究发现对于高风险公司而言，当财政补贴力度达到足够将一个公司扭亏为盈时其能够有效地降低公司的债务融资成本。余永定（2013）研究发现中国银行业中介成本和货币紧缩政策推高了中国企业的债务融资成本。

（4）金融市场的发展。

研究表明一个良好的金融市场能够有效地降低企业的债务融资成本。金

鹏辉（2010）对全球 38 个国家与地区公司债券市场发展程度对企业融资成本的影响进行了考察，实证研究结果显示，债券市场发达程度能显著地影响企业的融资成本。除了债券市场的发展会影响企业债务融资成本外，股票市场的发展乃至投资者的情绪都会影响债务融资成本。徐浩萍和杨国超（2013）研究了投资者情绪对企业债券融资成本的影响，他们认为，投资者情绪影响债券市场的渠道有两种，一种是由于股票市场与债券市场具有联动效应，股票市场中过度乐观的投资者情绪会传染到债券市场，从而提高债券的需求，降低企业的债券融资成本；另一种渠道是理性的投资者为了避免股票市场中的投资泡沫而选择在债券市场中进行投资，这也会增加对债券的需求及降低债券融资的成本。商业信用市场的发展状况也会影响企业的债务融资成本。孙浦阳等（2014）认为，企业获得的商业信用能成为企业外部融资的有效渠道，良好的企业信用能有效地降低企业的融资成本，尤其是对于中小企业与广大私营企业，商业信用对降低企业融资成本的帮助更大。

2.3.2.2　企业特征

作为债权人最关注的是债务违约的概率和违约后的损失率，并据此对债务进行定价。企业可保证的现金流、企业抵押品的价值以及债权人获得这些价值的可能性和权重都会影响到企业的债务融资成本。

（1）财务状况。

就可保证的现金流而言，债权人关注企业当期的现金流和未来现金流的水平的高低和波动性的大小。而预期的现金流水平与企业的盈利能力和增长率相关，一般来讲，企业盈利能力强、增长率高其产生现金流的能力越强。同时，因为企业过高的盈利能力可能是通过应收账款等流动性较差的资产带来的；企业过高的增长率意味着企业投资过度和投资风险过大，这会导致现金流的流出和现金流波动率的上升，这些都不利于债权人的资金安全。同时，企业的可保证现金流受到企业的杠杆水平的影响，如果企业负债过度必面临强大的现金索取压力，因此，企业的可保证的现金流水平必将下降。综上，现金流水平越高、企业获利能力越强、企业增长率高、企业的杠杆水平低都会降低企业的债务融资成本。

（2）抵押品。

从抵押品的角度来看，在企业违约后会显著影响到债权人的损失率。企业的抵押品价值越高，债权人面临的损失越小，从而企业的债务融资成本越低。而企业的抵押品价值很大程度取决于其被清算时或处置时的价值，即清算价值（liquidation value）。企业抵押资产清算价值越高，其面临的负债融资成本越低（Benmelech et al.，2005；2009）。其作用机制是如果企业违约时，债权人从股东手中控制的资产更有清算价值时，其能够在公开市场上抛售资产，从而降低贷款的损失率（Harris and Raviv，1990；Hart and Moore，1994；Bolton and Scharfstein，1996）。而抵押品的清算价值取决于两个方面：资产的可处置性和资产的流动性。资产的可处置性即资产不具有专用性，能够用于其他用途（Williamson，1988）；而资产的流动性是资产是否有足够多的潜在购买者或者这些潜在够买者是否存在资金约束或者预算约束（Shleifer and Vishny，1992）。因此，如果企业拥有较高的具有通用性和流动性的资产额，企业面临更低的融资成本。

（3）公司治理。

有实证研究发现公司治理对企业债务融资成本有显著的影响。蒋琰（2009）基于2001~2004年连续有配股和债务融资资格的企业作为研究样本，其研究发现良好的公司治理能够有效地降低企业的债务融资成本（利息支出比长期和短期债务平均值）。其公司治理采用G指数来衡量。而G指数的构建是基于第一大股东持股比例、独立董事比率、高管人员持股比例、是否国有控股等8个变量利用主成分分析得出第一主成分作为G指数。G指数越高则表明公司治理越好。该研究认为公司治理能够有效降低企业债务融资成本的原因在于：良好的公司治理能够有效地降低代理成本，减少债权人权益被股东损害的概率，从而降低债务的违约风险，进而导致企业债务成本下降。姚立杰等（2010）以A股上市公司为样本，实证检验了公司治理因素对企业银行借款融资能力与借款融资成本的影响，研究发现，在银行借款融资能力方面，公司治理因素对其均没有明显的影响；但在企业银行借款融资成本方面，公司治理机制中的监事会因素与股权集中度能显著地对其产生

影响，监事会规模越大，企业融资成本越低，股权集中度越高，融资成本越高。其他研究从公司治理的具体方面包括所有者性质（李广子和刘力，2005）、董事会网络（陆贤伟等，2013）、终极所有权结构（王育晓和杨敏利，2005）、信息披露质量（李志军和王善平，2011）、企业政治联系（戴荣波，2014）来分析其对债务融资成本的影响。

2.3.2.3　产业环境

对于产业环境与企业债务融资成本的关系通常包括产业集聚与债务成本的关系以及产品市场竞争与债务融资成本的关系。整体而言这类文献相对较少。

盛丹和王永进（2013）基于世界银行投资环境调查数据和中国工业企业1998～2007年的数据研究发现产业集聚能够降低企业的债务融资成本。其认为产业集聚能够降低企业债务融资成本的机理包括：声誉机制和信息机制。其中声誉机制是指在产业集聚地中企业为了更好地与其他企业合作，非常注重自身的声誉，一旦出现违约可能会严重影响其业务发展。由于企业有声誉机制的约束，银行更愿意为这样的企业提供信贷，并且可能以更低的成本提供信贷。信息机制是指产业集聚中的企业由于业务关系而导致双向或者多方的信息不对称程度较小，从而更有利于整体信息的传播、交流和收集。因此产业集聚会降低企业和银行之间的信息不对称程度，从而有利于企业以更低的融资成本获得信贷资源。产业集聚还能通过促进企业间在一个区域内的专业化分工；同时，产业集聚会加强企业之间的业务往来，增加企业对供货商和客户的联系，从而可能增加企业商业信用的使用量，减少对其他债务融资的需求，进而降低债务融资价格和成本。赵自强和顾丽娟（2012）以新会计准则颁布后2008～2010年的上市公司为样本，实证研究了产品市场竞争、企业的会计稳健性与企业融资成本之间的关系，研究发现，产品市场竞争程度与会计企业的会计稳健性是互补的关系，而会计政策越稳健的企业越可以取得较低的融资成本，企业在产品市场中的竞争越激烈，会计稳健性降低债务成本的作用就越强。张合金等（2014）从银行信贷的角度考察了产品市场竞争与企业债务融资成本之间的关系，实证研究表明，我国上市公司所在行业的产品市场竞争的激励程度与债务融资成本呈显著的正相关关系，同时，研究还发现，相对集中的行业结构与有利的市场地位也能够有效地降低企业的债务融资成本。刘东博（2011）以 2003～2006 年的我国制造业上市公司为样本对二者的关系进行考察发现，我国制造业产品市场竞争能显著地降低企业的融资成本，并且终极控股东现金流权也对企业融资成本降低有显著的正向影响。

第 3 章

上市公司债务融资及产品
市场竞争现状分析

　　在对中国上市公司债务融资进行系统理论分析和实证分析前，需要对中国上市公司债务融资率、债务融资期限结构、债务融资成本进行全面的描述统计，以方便了解中国上市公司债务融资的全面真实的基本情况。同时，本书是从产品市场竞争的角度来分析上市公司债务融资问题，因此也需要对上市公司产品市场竞争状况进行统计和分析。本章描述性统计主要是基于本书的样本数据进行分析，同时参考其他文献和宏观统计数据。

　　在进行正式分析前对样本进行一个概览。本研究核心研究数据基于 A 股上市公司 2001～2014 年样本，主要来源是国泰安 CSMAR 数据库、同时参考 Wind 的数据库和同花顺 iFinD 数据库。本研究涉及产品市场竞争的分析主要是按照行业分类进行计算的，因此行业的分类就显得比较重要。上市公司行业分类有不同的方法，比如市场有 Wind 行业分类、申银万国行业分类等。在综合考虑数据可得性和权威性后，基于证监会行业分类指引（2012 修订版）对行业进行分类。同时对行业处理进行如下处理：（1）将制造业细分成 10 个子行业，这是因为制造业集中了大量的上市公司，为了方便研究需要进行细分；（2）剔除金融保险业，这是因为金融行业受到国家显性或者隐性的担保，以及政府管制对金融行业的资本充足率的规定直接影响到这类企业的资产负债率；（3）剔除样本量较少的家具制造业。

3.1　上市公司债务融资率

3.1.1　上市公司资产负债率概况

　　本研究利用上市公司的资产负债率作为上市公司债务融资率的代理变量，因此本书基于资产负债比率来对上市公司的债务融资率进行分析。通过上表可以观察到中国上市公司资产负债率均值整体呈现倒"U"型的历史趋势。其中平均资产负债率从 2001 年的 45% 逐渐上升到 2006 年的历史最高值 53%（见表 3 – 1），并呈现逐渐下降的趋势，在 2013 年达到历史的最低点

44.7%，并逐渐上升，在 2014 年达到 46.5%。从中国上市公司资产负债率中值也体现了类似的历史趋势。资产负债率中值从 2001 年的 45.5% 逐渐上升到 2006 年的历史最高值 54.6%，并开始呈现不断下降的趋势，在 2012 年达到历史最低点 43.1%，然后呈现微弱上升趋势，在 2014 年为 43.3%。从上市公司资产负债率平均水平来观察，我国上市公司平均资产负债率水平在 45%~55% 的范围波动，整体而言比较安全。然而历史的资产负债率水平仍然存在极端状况，如计算出 2014 年有上市公司资产负债率为 0.9%；而历史的资产负债最高为 4615.9%。从上市公司资产负债率标准差的历史趋势来看，中国上市公司之间资产负债率的差异不断扩大，这与极端值不断扩大的历史趋势相互佐证。

表 3 - 1　　　　　　　　　2001 ~ 2014 年上市公司资产负债率概况

年份	均值	标准差	最小值	中值	最大值
2001	0.4560	0.1720	0.0777	0.4550	1.5960
2002	0.4690	0.1690	0.0701	0.4650	1.3800
2003	0.4860	0.1730	0.0670	0.4970	1.1380
2004	0.5020	0.1800	0.0684	0.5080	1.3850
2005	0.5280	0.1860	0.0699	0.5390	1.6540
2006	0.5330	0.1790	0.0706	0.5460	1.4640
2007	0.5210	0.1790	0.0724	0.5280	1.6770
2008	0.5100	0.1880	0.0748	0.5150	1.6060
2009	0.4960	0.1890	0.0686	0.5000	1.5130
2010	0.4750	0.2100	0.0667	0.4760	1.6960
2011	0.4690	0.5980	0.0070	0.4380	18.8380
2012	0.4580	0.4970	0.0110	0.4310	12.1270
2013	0.4470	0.2720	0.1950	0.4350	8.6120
2014	0.4650	0.8980	0.0090	0.4330	46.1590
总样本	0.4990	0.1860	0.0667	0.5060	1.6960

资料来源：CSMAR 数据库。

3.1.2   中国上市公司资产负债比率国际比较

目前对上市公司资产负债比率进行跨国研究典型的文献是拉詹和辛格莱斯（Rajan and Zingales，1995）的研究和范等（Fan et al.，2011）以及邹等（Cho et al.，2014）的研究。拉詹和辛格莱斯（1995）基于 G－7 从 1987～1991 年的数据对国际上市公司资产负债比率进行了估计，由于没有包含中国，其计算结果缺乏一定可比性。相对而言，范等（2011）的研究基于1991～2006 年的数据计算了全球主要经济体企业的资产负债比率，相对前人的研究更全面。根据范等（2011）提供的数据，全球企业资产负债率最高的为韩国，其企业平均资产负债率在 52% 左右的水平；最低的为澳大利亚，其企业平均资产负债率在 10% 左右，根据该文的计算，中国平均资产负债率在 25% 左右。该研究计算的资产负债率同本研究有较大差异的可能原因在于其样本期间和变量计算方法的差异。根据范等（2011）的研究，我国上市公司资产负债率在全球范围内相对较低。

3.1.3   上市公司资产负债比率行业特征

3.1.3.1   不同行业资产负债率概况

根据整个样本期间来看，不同行业的资产负债率还是呈现较为巨大的差异。根据均值来看（见表 3－2），资产负债率最高的是建筑业，其平均资产负债率高达 66%，资产负债率最低的是交通运输仓储业，其平均资产负债率为 41.6%。从中值观察发现，不同行业资产负债率呈现出与均值一样的特征：不同行业资产负债率差异较大，资产负债率最高的是建筑业，其资产负债率中值为 68.1%，资产负债率最低的是交通运输仓储业，其资产负债率中值为 38.1%。总之，结论比较稳健地说明了不同行业资产负债率存在稳定和显著的差异。

表 3－2　　　　　　2001～2014 年上市公司不同行业资产负债率概况

行业	均值	标准差	最小值	中值	最大值
农业	0.4470	0.1680	0.0733	0.4540	1.0820
采掘业	0.4730	0.1640	0.0859	0.4790	1.4060
食品饮料	0.4810	0.1910	0.0698	0.4730	1.5930
纺织、服装、皮毛	0.4730	0.1780	0.0699	0.4950	1.5130
造纸印刷	0.5350	0.1620	0.0692	0.5520	1.0490
石油化学塑胶塑料	0.4980	0.1690	0.0685	0.5150	1.6770
电子	0.4480	0.1810	0.0700	0.4420	1.5070
金属非金属	0.5330	0.1630	0.0667	0.5440	1.3990
机械设备仪表	0.5060	0.1770	0.0679	0.5110	1.4750
医药生物制品	0.4470	0.1860	0.0701	0.4400	1.6960
其他制造业	0.4870	0.1550	0.0711	0.4950	0.8880
电力煤气及水的生产和供应业	0.5180	0.1810	0.0719	0.5400	1.2690
建筑业	0.6620	0.1410	0.2490	0.6810	0.9840
交通运输仓储业	0.4160	0.2130	0.0670	0.3810	1.5360
信息技术业	0.4360	0.1850	0.0718	0.4300	1.6060
批发零售贸易	0.5670	0.1880	0.0686	0.5750	1.5050
房地产	0.5810	0.1870	0.0671	0.5950	1.6540
社会服务业	0.4780	0.2090	0.0895	0.4450	1.4640
传播与文化产业	0.4570	0.2050	0.0690	0.4390	1.2580
综合类	0.5140	0.1870	0.0722	0.5300	1.5220

资料来源：CSMAR 数据库。

3.1.3.2　不同年份不同行业的资产负债率状况

通过表 3－3、表 3－4 可以观察到，不同行业的资产负债率变化趋势各异，整体来看，绝大多数行业的资产负债率的历史态势和整体样本的资产负债率趋势一致呈现一定的倒"U"型风格，但是部分行业的资产负债率变化趋势与整体趋势存在明显的差异。具体而言，农业、食品饮料、纺织、服装、皮毛、造纸印刷、机械设备仪表、医药生物制品等行业呈现典型的倒

"U"型结构；而电力煤气及水的生产和供应业、建筑业、交通运输仓储业、信息技术业、批发零售贸易、社会服务业、传播与文化产业、房地产等产业资产负债比率一直保持比较稳定的水平；而综合类、其他制造业在 2011 年资产负债率有一个大的上升；而金属非金属行业资产负债在 2014 年前一直保持稳定的水平，在 2014 年迅速上升。

表 3 - 3　　　　　2001 ~ 2007 年上市公司不同行业资产负债率均值

行业	2001 年	2002 年	2003 年	2004 年	2005 年	2006 年	2007 年
农业	0.4000	0.4200	0.4600	0.4400	0.4800	0.4500	0.4900
采掘业	0.4600	0.4700	0.4600	0.4800	0.5100	0.4900	0.4800
食品饮料	0.4200	0.4400	0.4500	0.4900	0.5200	0.5000	0.5200
纺织、服装、皮毛	0.4300	0.4500	0.4700	0.4700	0.4800	0.5000	0.4800
造纸印刷	0.5300	0.5500	0.5700	0.5800	0.5700	0.5900	0.5300
石油化学塑胶塑料	0.4500	0.4600	0.4800	0.5000	0.5300	0.5400	0.5200
电子	0.4500	0.4600	0.4700	0.5000	0.5100	0.4900	0.4500
金属非金属	0.4600	0.4700	0.4900	0.5500	0.5600	0.5800	0.5500
机械设备仪表	0.4600	0.4700	0.4900	0.4900	0.5300	0.5500	0.5500
医药生物制品	0.4400	0.4500	0.4700	0.4600	0.4600	0.4900	0.4600
其他制造业	0.4800	0.4800	0.5300	0.4900	0.5400	0.5000	0.4800
电力煤气及水的生产和供应业	0.4100	0.4200	0.4600	0.4600	0.5300	0.5500	0.5500
建筑业	0.5800	0.6100	0.6000	0.6600	0.7100	0.6900	0.6800
交通运输仓储业	0.3700	0.3600	0.3600	0.3900	0.4000	0.4400	0.4300
信息技术业	0.4500	0.4700	0.4600	0.4600	0.4800	0.4700	0.4700
批发零售贸易	0.5000	0.5300	0.5400	0.5600	0.5900	0.6000	0.5900
房地产	0.5000	0.5300	0.5700	0.5800	0.6100	0.6000	0.5900
社会服务业	0.4200	0.4300	0.4400	0.4900	0.5100	0.5300	0.5100
传播与文化产业	0.4600	0.4300	0.4600	0.4700	0.5000	0.4700	0.4800
综合类	0.5000	0.5000	0.5000	0.5100	0.5500	0.5200	0.5400
总样本	0.4600	0.4700	0.4900	0.5000	0.5300	0.5300	0.5200

资料来源：CSMAR 数据库。

表 3 - 4　　　　　　　2008～2014 年上市公司不同行业资产负债率概况

行业	2008 年	2009 年	2010 年	2011 年	2012 年	2013 年	2014 年
农业	0.4600	0.4600	0.4100	0.3900	0.4200	0.4500	0.4500
采掘业	0.4600	0.4600	0.4700	0.5000	0.5700	0.4300	0.4600
食品饮料	0.5100	0.4900	0.4500	0.4400	0.3900	0.3700	0.3500
纺织、服装、皮毛	0.4900	0.4800	0.4600	0.3700	0.3400	0.3600	0.3700
造纸印刷	0.5300	0.4800	0.4800	0.4100	0.3700	0.3800	0.3900
石油化学塑胶塑料	0.5100	0.5100	0.4600	0.4800	0.5000	0.4900	0.5000
电子	0.4200	0.4300	0.4000	0.3400	0.3400	0.3600	0.3700
金属非金属	0.5500	0.5500	0.5200	0.5100	0.5100	0.5100	0.6500
机械设备仪表	0.5300	0.5100	0.4600	0.5300	0.5000	0.4100	0.4100
医药生物制品	0.4400	0.4300	0.4100	0.4100	0.4100	0.3400	0.3400
其他制造业	0.4900	0.4700	0.4500	1.1500	1.0600	0.5000	0.4900
电力煤气及水的生产和供应业	0.6100	0.5900	0.5900	0.6900	0.6900	0.5900	0.5800
建筑业	0.6900	0.6700	0.6600	0.6100	0.6500	0.6700	0.6600
交通运输仓储业	0.4600	0.4300	0.4700	0.4900	0.4700	0.5500	0.4500
信息技术业	0.4200	0.4000	0.3700	0.3100	0.3200	0.3000	0.3000
批发零售贸易	0.5800	0.5700	0.6000	0.5700	0.5700	0.5800	0.5900
房地产	0.6100	0.6000	0.6400	0.6200	0.6300	0.6300	0.6200
社会服务业	0.4900	0.4800	0.4500	0.5100	0.5000	0.4400	0.4400
传播与文化产业	0.4500	0.4600	0.4100	0.3500	0.3500	0.3600	0.3600
综合类	0.5300	0.5000	0.4900	1.6300	0.8200	0.5600	0.5200
总样本	0.5100	0.5000	0.4800	0.4700	0.4600	0.4500	0.4600

资料来源：CSMAR 数据库。

3.2　上市公司债务融资期限

对于上市公司债务融资期限，最直接的测度方式是计算负债的加权平均期限。然而，由于数据可得性等原因，实证研究中更多的是直接用长期债务和短期债务占总负债的比重来衡量债务融资期限。即如果上市公司长期负债占总负债的比例较高，则该上市公司债务融资期限较长；如果长期负债占总负债的比重较低，则该上市公司债务融资期限较短。因此，后文分别对中国上市公司短期债务融资状况和长期债务融资状况进行描述性统计。

3.2.1   中国上市公司短期债务融资状况

本研究使用流动负债比总负债水平来衡量中国上市公司短期债务融资状况。通过表 3 − 5 可以观察到中国上市公司债务融资主要以短期负债为主。从均值来看，中国上市公司流动负债占总负债的比重平均高达 84%；从中值来看，整个样本流动负债占总负债的比重高达 91%。这说明我国上市公司债务期限结构上，整体以短期债务为主。从短期债务融资占比的历史趋势来看，从 2001 ~ 2014 年整体维持在 80% 以上的水平，并且呈现微弱的下降趋势。其中，在 2009 年流动负债占总负债无论均值还是中值都达到历史最低点，这可能与 2009 年 4 万亿元投资时信贷获取相对容易，上市公司在该时机借入了大量的长期债务，从而降低了流动负债占总负债的比重。从上市公司流动负债占总负债比率的 25% 分位数来看，其在 70% ~ 80% 的范围内波动；而从上市公司流动负债占总负债比率的 75% 分位数来看，其基本在 95% 以上 100% 以下。通过与肖作平和廖理（2008）基于 2000 ~ 2004 年数据的研究进行比较，本研究发现我国上市公司债务期限中长期债务比重较低是一个普遍现象。从横向上来看，根据范等（2012）的基于 39 国 1991 ~ 2006 年的国际比较研究，中国长期债务占总债务的水平在全球主要的经济体中是最低的，不仅显著低于美国（长期债务占比接近 80%）、英国（长期债务占比约为 60%）、日本（长期债务占比约为 40%）等国，而且还显著低于长期债务占比排名靠后的其他国家，例如排名倒数第二和第三的国家希腊和土耳其长期债务占比都在 20% 以上的水平，而我国长期负债只有 10% 左右的占比。

表 3 – 5　　　　　　　2001～2014 年上市公司流动负债占总负债比率

年份	均值	标准差	最小值	中值	最大值
2001	0.8620	0.1710	0.0419	0.9280	1.0000
2002	0.8630	0.1690	0.0446	0.9270	1.0000
2003	0.8580	0.1730	0.0639	0.9190	1.0000
2004	0.8560	0.1740	0.0725	0.9240	1.0000
2005	0.8600	0.1730	0.0750	0.9300	1.0000
2006	0.8600	0.1730	0.0524	0.9290	1.0000
2007	0.8500	0.1720	0.0761	0.9180	1.0000
2008	0.8510	0.1760	0.1130	0.9210	1.0000
2009	0.8280	0.1920	0.1080	0.9000	1.0000
2010	0.8370	0.1880	0.0977	0.9110	1.0000
2011	0.8440	0.1810	0.0727	0.9130	1.0000
2012	0.8300	0.1870	0.0834	0.8990	1.0000
2013	0.8200	0.1860	0.0802	0.8850	1.0000
2014	0.8120	0.1850	0.0596	0.8720	1.0000
总样本	0.8430	0.1800	0.0288	0.9110	1.0000

资料来源：CSMAR 数据库。

3.2.2　中国上市公司长期债务融资状况

上市公司长期债务占总负债的比重与上市公司短期债务占总负债的比重从理论上是完全负相关的。通过表 3 – 6 可以观察到中国上市公司债务融资主要以短期负债为主，长期债务所占比重较低。整体而言，长期负债融资占负债的比重和短期负债融资占负债的比重之间呈现完全的负相关关系。从均值来看，中国上市公司长期负债占总负债的比重平均为 13%，从中值来看整个样本长期负债占总负债的比重高达 4.89%。这说明我国上市公司债务期限结构上，整体以短期债务为主，长期债务所占比重明显偏低。

表 3 - 6　　　2001 ~ 2014 年上市公司长期债务融资占负债比率概况

年份	均值	标准差	最小值	中值	最大值
2001	0.1310	0.1680	0.0010	0.0600	0.9580
2002	0.1290	0.1670	0.0012	0.0637	0.9550
2003	0.1320	0.1690	0.0039	0.0683	0.9360
2004	0.1340	0.1720	0.0035	0.0617	0.9270
2005	0.1270	0.1670	0.0029	0.0555	0.9250
2006	0.1270	0.1690	0.0033	0.0547	0.9480
2007	0.1230	0.1650	0.0003	0.0471	0.9240
2008	0.1260	0.1700	0.0000	0.0432	0.8870
2009	0.1430	0.1870	0.0000	0.0536	0.8910
2010	0.1300	0.1810	0.0000	0.0338	0.8860
2011	0.1190	0.1750	0.0000	0.0252	0.9270
2012	0.1260	0.1800	0.0000	0.0285	0.9070
2013	0.1340	0.1800	0.0000	0.0402	0.9200
2014	0.1360	0.1770	0.0000	0.0526	0.8660
总样本	0.1300	0.1740	0.0000	0.0489	0.9710

资料来源：CSMAR 数据库。

从长期债务融资占比的历史趋势来看，从 1998 ~ 2014 年整体维持在 11% ~ 13% 左右的水平。其中，在 2009 年长期负债占总负债无论均值还是中值都达到历史最高点，这可能与 2009 年 4 万亿元投资时信贷获取相对容易成本较低，上市公司利用该时机借入了大量的长期债务，从而提高了长期负债占总负债的比重。可以观察到，长期负债占总负债的比重计算出来的均值与短期负债占总负债的比重计算出来的均值相加并不等于 1，这可能与部分数据缺失有关系。

3.2.3　上市公司债务期限结构的行业特征

从分行业来观察，可以发现整体而言交通运输业的流动负债占总负债比

率是最小的，其波动范围在 60% ~ 70% 左右的水平；而相对而言，信息技术行业和批发零售行业的流动负债占总负债比率更高，两个行业流动负债占总负债比率样本期间内平均值都高于 91%。从时间序列来看，各个行业流动负债占总负债比率整体呈现较为平稳的变化趋势，与整体流动负债占总负债比率变化趋势基本一致。从表 3 - 7、表 3 - 8 可以观察到，相对而言，受到管制较为严重的交通运输、采掘业等其长期负债比率相对较高；而竞争程度较高的批发零售行业等行业长期负债比率相对较低。上市公司长期负债占总负债比率与流动负债占总负债比率是负相关关系，因此，不再对上市公司长期负债占总负债比率分行业进行描述性统计。

表 3 - 7　　　2001 ~ 2007 年上市公司不同行业流动负债占总负债比率均值

行业	2001 年	2002 年	2003 年	2004 年	2005 年	2006 年	2007 年
农业	0.8240	0.8630	0.8880	0.9030	0.8740	0.8790	0.9020
采掘业	0.8390	0.8210	0.8330	0.7890	0.8220	0.7970	0.7530
食品饮料	0.9130	0.9000	0.8870	0.9040	0.9290	0.9330	0.9310
纺织、服装、皮毛	0.9310	0.8990	0.8880	0.8760	0.8990	0.8850	0.8810
造纸印刷	0.7910	0.7770	0.7540	0.7420	0.7610	0.7760	0.7840
石油化学塑胶塑料	0.8330	0.8330	0.8290	0.8320	0.8340	0.8360	0.8370
电子	0.8570	0.8690	0.8650	0.8720	0.8910	0.9000	0.8710
金属非金属	0.7870	0.8200	0.7990	0.8040	0.8210	0.8340	0.8290
机械设备仪表	0.8970	0.9090	0.9200	0.9290	0.9270	0.9290	0.9190
医药生物制品	0.8960	0.9030	0.8840	0.8740	0.8900	0.9070	0.9190
其他制造业	0.8870	0.8820	0.8260	0.8600	0.9510	0.8850	0.8860
电力煤气及水的生产和供应业	0.7370	0.7090	0.6590	0.6180	0.6070	0.6220	0.6140
建筑业	0.9000	0.8620	0.8790	0.8940	0.8590	0.8840	0.8830
交通运输仓储业	0.6660	0.7050	0.7130	0.7170	0.7050	0.7010	0.6700
信息技术业	0.9240	0.9370	0.9350	0.9390	0.9290	0.9270	0.9160
批发零售贸易	0.9240	0.9200	0.9400	0.9380	0.9380	0.9280	0.9150
房地产	0.9040	0.8790	0.8700	0.8630	0.8700	0.8280	0.8050

续表

行业	2001 年	2002 年	2003 年	2004 年	2005 年	2006 年	2007 年
社会服务业	0.8060	0.8360	0.8350	0.8140	0.8080	0.8210	0.8250
传播与文化产业	0.8300	0.8750	0.8890	0.8500	0.8120	0.8620	0.8400
综合类	0.8850	0.8820	0.8540	0.8730	0.8640	0.8820	0.8350
总样本	0.8620	0.8630	0.8580	0.8560	0.8600	0.8600	0.8500

资料来源：CSMAR 数据库。

表 3 – 8   2008 ~ 2014 年上市公司不同行业流动负债占总负债比率均值

行业	2008 年	2009 年	2010 年	2011 年	2012 年	2013 年	2014 年
农业	0.8930	0.8690	0.8390	0.8640	0.8270	0.8290	0.7990
采掘业	0.7690	0.7250	0.7330	0.7630	0.7260	0.7250	0.6890
食品饮料	0.9200	0.8900	0.8750	0.8840	0.8890	0.8890	0.8700
纺织、服装、皮毛	0.8900	0.8870	0.8720	0.8800	0.8630	0.8410	0.8100
造纸印刷	0.8470	0.8460	0.8430	0.8720	0.8470	0.7800	0.7900
石油化学塑胶塑料	0.8380	0.8270	0.8460	0.8530	0.8440	0.8310	0.8270
电子	0.8810	0.8400	0.8620	0.8630	0.8490	0.8460	0.8410
金属非金属	0.8220	0.8090	0.8240	0.8360	0.8310	0.8260	0.8260
机械设备仪表	0.9240	0.9010	0.9060	0.8990	0.8790	0.8670	0.8650
医药生物制品	0.9200	0.8930	0.8830	0.8590	0.8140	0.7980	0.7960
其他制造业	0.8720	0.8240	0.8580	0.8560	0.7880	0.8390	0.8440
电力煤气及水的生产和供应业	0.5790	0.5480	0.5570	0.5530	0.5600	0.5660	0.5480
建筑业	0.8890	0.8680	0.8620	0.8760	0.8620	0.8300	0.8330
交通运输仓储业	0.6450	0.5910	0.5860	0.5930	0.5780	0.6030	0.5780
信息技术业	0.9200	0.9230	0.9180	0.9190	0.9110	0.9040	0.8880
批发零售贸易	0.9240	0.8870	0.8870	0.8990	0.9020	0.8820	0.8680
房地产	0.7830	0.7360	0.7270	0.7480	0.7360	0.7210	0.7300
社会服务业	0.8410	0.8140	0.8260	0.8150	0.8000	0.8030	0.7830
传播与文化产业	0.8300	0.8820	0.9140	0.8930	0.8710	0.8350	0.8060

行业	2008 年	2009 年	2010 年	2011 年	2012 年	2013 年	2014 年
综合类	0.8500	0.7740	0.7590	0.7670	0.7620	0.7400	0.7270
总样本	0.8510	0.8280	0.8370	0.8440	0.8300	0.8200	0.8120

资料来源：CSMAR 数据库。

3.3　上市公司债务融资成本

3.3.1　上市公司债务融资成本计量方法

上市公司债务成本度量常用指标包括债券收益率、公司银行贷款利率以及从财务数据计算出来的债务融资成本。首先，债券收益率度量债务融资成本更多的是对于企业公开发行的债务融资进行定价的数据。因此，这种测度方法更多的是反映企业公开债务融资成本信息，而无法全面反映企业债务融资成本信息。同时，我国上市公司发行债券整体占比较少，其更难全面地反映上市公司的债务融资成本。其次，从银行贷款定价数据来看，由于银行贷款数据具有私募债务的性质，其反映的债务融资成本是银行基于自身的私有信息而进行的定价，因此其信息具有商业机密性，相关的信息较难获得。这意味着如果使用银行贷款定价数据作为债务融资成本代理变量，则面临数据可获得性问题。对于上市公司而言可能会有时公布一些贷款数据，但是这些贷款数据和信息只是其贷款融资的一部分，无法代表其全部债务融资成本。更重要的是，这些贷款数据的公布是有选择性的，从而无法真实地反映其债务融资成本。同时，同一家企业从不同银行获取的债务融资的成本可能因为银企关系、抵押品不同而呈现差异，而这些潜在的因素较难评估，从而也无法较好地反映企业的债务融资成本。另外一种方式是利用上市公司财务数据来计算和度量上市的债务融资成本。这种测度方法首先可以比较全面地从上市公司财务报表中获取相关的数据，涉及利息支出或者财务费用的相关数据在上市公司财务报表附注中都会公布。其次，这种测度方法的优势是全面地测量了企业债务融资的综合成本，而不是单独反映某一种融资方式如债券融资、贷款融资的成本。但这种方法也是有其缺陷的：首先，由于该指标是基于上市公司财务报告数据计算出来的，而不是市场化的价格指标，不可避免地存在噪声，比如期末偿还了大量负债从而分母过小，就会导致计算出债务融资成本过高，存在异常值的情况；其次，该指标更多的是反映一种平均的债务融资成本情况，而非企业增加债务融资面临的边际债务融资成本。

如前分析，出于数据可获得性的考虑，本研究基于上市公司财务数据测度债务融资成本。度量指标包括两类：一类是单纯考虑利息支出对应的债务融资成本，从而在计算公式上表现为利息支出除以总负债或带息债务；另一类是考虑利息支出和其他手续费的净财务费用支出与对应的债务融资成本，从而在计算公式上体现为净财务费用除以总负债或带息债务。其中，带息债务包括短期借款、一年内到期的长期负债、长期借款、应付债券、应付利息；净财务费用包括利息支出、手续费和佣金支出，以及其他财务费用。从而形成净财务费用比当期带息债务、利息支出比平均总负债、利息支出比平均带息债务、净财务费用比平均总负债、净财务费用比平均带息债务五个债务融资成本指标（张合金等，2014）。为了对上市公司债务融资成本形成更加直观的认识，同时考虑到行文的简便，本节基于利息支出比平均带息债务对债务融资成本进行了描述性统计。

3.3.2　上市公司债务融资成本概况

正如前文指出，本节使用债务利息支出比平均带息债务进行描述性统计，其他指标用于后续回归分析使用。其中，利息支出是指财务附注中财务费用中的利息支出；带息负债是指短期借款加一年内到期的长期负债加长期借款加应付债券加应付利息；平均带息债务是利用一年四个季度的含息负债计算的算数平均值。这里与后续实证分析使用变量不同的地方在于，后续回归对债务融资成本进行截尾处理，从而减弱债务融资成本数据极端值给回归分析带来的影响。

可以观察到，基于债务利息支出比平均带息债务计算的公司债务融资成

本存在一定的噪声，其极端值较大。一方面，是因为利息支出是一个流量概念，在一年内支付的利息都要计入利息支出中，而一年四个季度的含息负债计算的算数平均数为一个存量概念。另一方面，相对于前文分析的公司债发行利率、公司债到期收益率以及上市公司银行贷款利率基于财务数据计算的公司债务融资成本样本量更大，样本企业融资手段更加多样化，样本企业的质量参差不齐，样本内出现融资成本极端值的可能性更高。本研究解决极端值的方法在后续分析中对数据进行了 winsorize 处理。而这里进行描述性统计观察时，利用分位数的数据来进行分析更有参考价值。

从基于债务利息支出比平均含息负债计算的上市公司债务融资成本趋势可以观察到，不同分位数上的历史趋势与上市公司银行贷款利率历史趋势一致程度较高。二者在 2008 年和 2012 年都有一个历史的高点，这也与公司债发行利率和公司债到期收益率出现的高点时间是高度一致的。具体而言，上市公司整个样本期间债务融资成本的中值在 9% 的水平，2000 年上市公司债务融资成本中值为 7.67%，2001 年上升到 10% 的水平，2002 年下降到 8.4% 的水平，2003 年继续下降到 7.69% 的水平，2004 年降到历史水平的低点 6.98%，2005 年开始回升到 7.7%，2006 年稳定到 7.89% 的水平，2007 年上升到 8.66% 的水平，2008 年上升到一个历史新高点，即 9.62%，2009 年有略微下降到 8.26% 的水平，2010 年进一步下降到 8% 的水平，2011 年开始上升到 9.5% 的水平，2012 年达到历史最高点 11.1%，2013 年后开始下降到 10.6% 的水平，2014 年稳定到 2013 年的水平（见表 3-9）。

表 3-9　　　　　　2001~2014 年上市公司债务融资成本概况

年份	均值	标准差	最小值	下四分位	中值	上四分位	最大值
2001	0.4330	2.2100	0.0000	0.0645	0.1040	0.2050	39.1300
2002	0.3480	2.3840	0.0000	0.0595	0.0844	0.1670	69.5100
2003	0.4610	3.2710	0.0000	0.0562	0.0769	0.1600	69.9300
2004	0.3280	2.2400	0.0000	0.0530	0.0698	0.1430	49.7300
2005	0.5340	4.6770	0.0000	0.0561	0.0777	0.1570	106.7000

续表

年份	均值	标准差	最小值	下四分位	中值	上四分位	最大值
2006	0.4480	5.6580	0.0000	0.0586	0.0789	0.1470	205.1000
2007	0.4480	3.3960	0.0000	0.0657	0.0866	0.1430	70.3600
2008	0.5770	4.9810	0.0000	0.0756	0.0962	0.1590	130.9000
2009	1.2330	11.9900	0.0000	0.0609	0.0826	0.1530	299.1000
2010	1.5130	23.7800	0.0000	0.0569	0.0803	0.1810	903.2000
2011	2.1890	37.7400	0.0000	0.0662	0.0951	0.2190	1240.0000
2012	4.9260	86.5100	0.0000	0.0752	0.1110	0.2670	3538.0000
2013	9.5720	222.4000	0.0000	0.0721	0.1060	0.2340	10013.0000
2014	3.2110	37.1000	0.0000	0.0736	0.1060	0.2290	890.2000
总样本	2.2720	75.1500	0.0000	0.0635	0.0907	0.1820	10013.0000

资料来源：CSMAR 数据库。

从基于债务利息支出比平均含息负债计算的上市公司债务融资成本的
25%分位数和75%分位数来看，可以发现25%分位数对应的债务融资成本
基本保持在5%~7%的水平；而75%分位数对应的债务融资成本波动范围
较大，从15%到25%的范围波动。

3.3.3 上市公司债务融资成本的行业特征

为了分析上市公司不同行业的融资成本状况，本章基于债务利息支出比
平均带息债务对不同行业的债务融资成本进行统计分析。统计结果如下
（见表3-10、表3-11）：

表3-10   2001~2007年上市公司不同行业债务融资成本中值

行业	2001 年	2002 年	2003 年	2004 年	2005 年	2006 年	2007 年
农业	0.1550	0.0650	0.0600	0.0700	0.0700	0.0700	0.0850
采掘业	0.0900	0.0850	0.0900	0.1100	0.1300	0.1550	0.1500

续表

行业	2001 年	2002 年	2003 年	2004 年	2005 年	2006 年	2007 年
食品饮料	0.0900	0.1100	0.0700	0.0600	0.0700	0.0800	0.0900
纺织、服装、皮毛	0.1200	0.1100	0.0900	0.0700	0.0900	0.0900	0.0800
造纸印刷	0.0800	0.0800	0.0700	0.0600	0.0750	0.0800	0.0900
石油化学塑胶塑料	0.1100	0.0900	0.0700	0.0700	0.0800	0.0800	0.0900
电子	0.1300	0.0700	0.0900	0.0900	0.1050	0.0800	0.0900
金属非金属	0.1200	0.0900	0.0900	0.0900	0.0900	0.0800	0.0900
机械设备仪表	0.1200	0.0900	0.0900	0.0800	0.1000	0.0900	0.0900
医药生物制品	0.1200	0.1000	0.0900	0.0700	0.0800	0.0800	0.0850
其他制造业	0.0700	0.0700	0.0700	0.1250	0.0900	0.0800	0.0800
电力煤气及水的生产和供应业	0.1500	0.1300	0.1150	0.0800	0.0950	0.0850	0.0900
建筑业	0.0750	0.0750	0.0750	0.0700	0.0700	0.0700	0.0850
交通运输仓储业	0.1900	0.1400	0.1350	0.1000	0.1800	0.1600	0.1400
信息技术业	0.1300	0.1000	0.0900	0.0800	0.0900	0.0800	0.0900
批发零售贸易	0.1100	0.0800	0.0700	0.0700	0.0700	0.0800	0.0950
房地产	0.0800	0.0600	0.0600	0.0600	0.0600	0.0700	0.0700
社会服务业	0.0900	0.0750	0.0950	0.0900	0.1050	0.0900	0.0900
传播与文化产业	0.1050	0.0800	0.0800	0.0600	0.0600	0.0600	0.0700
综合类	0.1050	0.0800	0.0700	0.0600	0.0600	0.0700	0.0800
总样本	0.1100	0.0900	0.0800	0.0700	0.0800	0.0800	0.0900

资料来源：CSMAR 数据库。

表 3 – 11　　　　2008 ~ 2014 年上市公司不同行业债务融资成本中值

行业	2008 年	2009 年	2010 年	2011 年	2012 年	2013 年	2014 年
农业	0.0900	0.0800	0.0600	0.0800	0.0900	0.0800	0.0800
采掘业	0.1500	0.1000	0.1100	0.1300	0.1400	0.1200	0.1100
食品饮料	0.0900	0.0800	0.0700	0.0950	0.1300	0.1350	0.1200
纺织、服装、皮毛	0.0950	0.0800	0.0800	0.0900	0.1000	0.0900	0.0900
造纸印刷	0.1050	0.0800	0.0700	0.0900	0.1200	0.1100	0.0900

续表

行业	2008 年	2009 年	2010 年	2011 年	2012 年	2013 年	2014 年
石油化学塑胶塑料	0.0900	0.0750	0.0700	0.0900	0.1000	0.0900	0.1000
电子	0.1000	0.0850	0.0800	0.1000	0.1500	0.1250	0.1200
金属非金属	0.1000	0.0800	0.0700	0.0800	0.0900	0.0800	0.0800
机械设备仪表	0.1200	0.1000	0.1100	0.1200	0.1500	0.1200	0.1150
医药生物制品	0.1000	0.1000	0.0800	0.1300	0.1600	0.1400	0.1600
其他制造业	0.1450	0.0900	0.0800	0.0800	0.1100	0.0900	0.0900
电力煤气及水的生产和供应业	0.0900	0.0700	0.0650	0.0800	0.0800	0.0800	0.0900
建筑业	0.0900	0.0850	0.0750	0.0800	0.0900	0.0900	0.0900
交通运输仓储业	0.1250	0.1200	0.0700	0.0900	0.1000	0.0900	0.1000
信息技术业	0.1000	0.1200	0.1500	0.1400	0.1500	0.1500	0.1400
批发零售贸易	0.1100	0.1000	0.1000	0.1000	0.1100	0.1100	0.1200
房地产	0.0800	0.0800	0.0800	0.0900	0.1000	0.1000	0.1000
社会服务业	0.0900	0.0900	0.1200	0.1300	0.1500	0.1500	0.1400
传播与文化产业	0.0700	0.0800	0.1100	0.0900	0.2700	0.1700	0.1550
综合类	0.0900	0.0900	0.0900	0.0900	0.1100	0.1100	0.1000
总样本	0.1000	0.0800	0.0800	0.1000	0.1100	0.1100	0.1000

资料来源：CSMAR 数据库。

通过表 3 - 10、表 3 - 11 可以观察到，在样本期间内基于债务利息支出比平均带息债务比率中位数计算的债务融资成本最高的行业为交通运输仓储业，该指标达到 12.25%，其次是采掘业达到 11.5%。而在样本期间内基于利息支出比平均含息负债比率中值计算的债务融资成本最低的行业为建筑业，该指标为 7.75%；其次为造纸印刷业、农业，其债务融资成本为 8%。可以观察到不同行业之间债务融资成本存在显著的差异。从历史变化趋势来看，不同行业的历史变化趋势相对一致，历史债务融资成本最高为 2001 年，高达 11%，2001 年后逐渐呈现下降趋势，在 2004 年达到低点为 7%；2005 年开始逐渐上升到 2008 年达到历史高点 10% 的水平，2009 年和 2010 年基本稳定在 8% 左右的水平，2011 年后逐渐上升，到 2012 年和 2013 年，达到 11% 的历史高点，2014 年下降为 10% 的水平。

3.4　中国上市公司产品市场竞争状况

3.4.1　产品市场竞争概况

度量上市公司产品市场竞争状况的指标包括：行业集中度（CR4）、赫芬达尔—赫希曼指数（HHI）、自然边界（nh）、勒纳指数或价格边际成本（pcm）、超额价格边际成本（epcm）。这些指标的计算方法在后文有详细的论述。由于勒纳指数是衡量一个行业内单个企业的垄断定价能力，其均值一方面可能反映一个行业整体的垄断水平，另一方面反映单个企业在行业内的垄断定价能力，因此，对其进行描述性统计的意义不大。同时超额价格－成本边际（epcm）肯定是反映单个企业相对一个行业类的垄断定价水平，因此，一个行业的超额价格－成本边际均值本身是接近零的。同样，自然边界（nh）也是计算一个企业相对于行业内企业的相似度，因此，进行分行业统计的意义不大。综上，本章只对反映行业结构的行业集中度和赫芬达尔—赫希曼指数进行统计。

3.4.2　行业集中度

通过表 3 - 12 可以观察到不同行业的行业集中度存在较为显著的差异。集中度最高的行业是采掘业，其前四家公司的主营业务收入占全行业主营业务收入的 92.7%；其次是其他制造业和建筑业，其中建筑业四家公司的主营业务收入占全行业主营业务收入的 74.8%，其他制造业四家公司的主营业务收入占全行业主营业务收入的 74.5%。行业集中度最低是机械设备仪表制造业，其前四家公司的主营业务收入占全行业主营业务收入的 20.2%。其他集中度较低的行业分别是纺织、服装、皮毛行业以及医药生物制品行业、房地产行业。

表 3 - 12　　　　　　2001 ~ 2014 年各行业行业集中度（CR4）概况

行业	均值	标准差	最小值	中值	最大值
农业	0.4230	0.0230	0.3860	0.4270	0.4580
采掘业	0.9270	0.0295	0.8780	0.9280	0.9720
食品饮料	0.3430	0.0136	0.3180	0.3420	0.3720
纺织、服装、皮毛	0.2780	0.0207	0.2520	0.2820	0.3050
造纸印刷	0.4830	0.0311	0.4320	0.4900	0.5290
石油化学塑胶塑料	0.2570	0.0446	0.1880	0.2880	0.3050
电子	0.5210	0.0527	0.4400	0.5370	0.5940
金属非金属	0.2820	0.0201	0.2500	0.2860	0.3120
机械设备仪表	0.2020	0.0189	0.1750	0.1970	0.2460
医药生物制品	0.2580	0.0271	0.2100	0.2660	0.2970
其他制造业	0.7450	0.0667	0.6710	0.7000	0.8370
电力煤气及水的生产和供应业	0.4410	0.0255	0.4130	0.4280	0.4930
建筑业	0.7480	0.0832	0.5820	0.7670	0.8650
交通运输仓储业	0.5420	0.0453	0.4950	0.5290	0.6500
信息技术业	0.5870	0.0375	0.5270	0.5850	0.6510
批发零售贸易	0.3140	0.0231	0.2660	0.3210	0.3440
房地产	0.2640	0.0703	0.1890	0.2140	0.3680
社会服务业	0.4510	0.0380	0.3940	0.4540	0.5040
传播与文化产业	0.5740	0.1050	0.4230	0.6220	0.6850
综合类	0.2880	0.0357	0.2450	0.2750	0.3620
总样本	0.3660	0.1760	0.1750	0.2990	0.9720

资料来源：CSMAR 数据库。

3.4.3　赫芬达尔—赫希曼指数（HHI）

通过表 3 - 13 可以观察到赫芬达尔—赫希曼指数（HHI）均值最高的是采掘业，其 HHI 值为 0.406，这意味着采掘业的行业垄断程度最高；其次是其他制造业和建筑业，其 HHI 值分别为 0.224 和 0.213。同时，观察到机械设备仪表制造业的赫芬达尔—赫希曼指数最低为 0.0212，其次是纺织、服

装、皮毛行业以及医药生物制品等行业，这些行业各自的 HHI 指数分别为
0.036、0.0299。从各个行业赫芬达尔—赫希曼指数中值可以观察到类似于
赫芬达尔—赫希曼指数均值的情况，同样，采掘业的 HHI 最高，而机械设
备仪表的 HHI 值最低。通过比较赫芬达尔—赫希曼指数和行业集中度可以
观察到两个反映指标反映出来各个行业的内部竞争结构态势是基本一致的。
结合上面两个指标可以提出采掘业的垄断程度相对较高，而纺织、服装、皮
毛行业以及医药生物制品等行业市场竞争程度相对较高。

表 3-13　　　　2001~2014 年赫芬达尔—赫希曼指数（HHI）分行业概况

行业	均值	标准差	最小值	中值	最大值
农业	0.0672	0.0061	0.0590	0.0665	0.0765
采掘业	0.4060	0.0402	0.3430	0.4040	0.4650
食品饮料	0.0449	0.0028	0.0402	0.0447	0.0505
纺织、服装、皮毛	0.0360	0.0034	0.0314	0.0355	0.0424
造纸印刷	0.0936	0.0137	0.0719	0.0957	0.1230
石油化学塑胶塑料	0.0355	0.0099	0.0207	0.0425	0.0463
电子	0.0967	0.0229	0.0642	0.1080	0.1340
金属非金属	0.0394	0.0047	0.0334	0.0406	0.0481
机械设备仪表	0.0212	0.0043	0.0183	0.0197	0.0338
医药生物制品	0.0299	0.0038	0.0238	0.0306	0.0354
其他制造业	0.2240	0.0668	0.1500	0.1870	0.3550
电力煤气及水的生产和供应业	0.0729	0.0047	0.0652	0.0721	0.0804
建筑业	0.2130	0.0893	0.1180	0.1870	0.3660
交通运输仓储业	0.0940	0.0164	0.0752	0.0873	0.1300
信息技术业	0.1580	0.0242	0.1170	0.1580	0.2030
批发零售贸易	0.0452	0.0084	0.0338	0.0450	0.0596
房地产	0.0346	0.0144	0.0206	0.0253	0.0580
社会服务业	0.0805	0.0143	0.0596	0.0823	0.1010

续表

行业	均值	标准差	最小值	中值	最大值
传播与文化产业	0.1140	0.0338	0.0670	0.1150	0.1560
综合类	0.0405	0.0051	0.0353	0.0380	0.0520
总样本	0.0700	0.0751	0.0183	0.0425	0.4650

资料来源：CSMAR 数据库。

同时，产品市场竞争指标中行业间的竞争指标 HHI 和 CR4 波动较大，其中 HHI 最低的行业年度值为低于 2%，HHI 最高的行业年度值最高为 46.5%；类似的是 CR4 最低行业年度值为 17% 左右，而最高行业年度值超过 97%。这显示出中国行业竞争程度呈现巨大的差异，进一步分析发现，这种差异主要是不同行业之间的差异所导致的。本章通过对比同一行业不同年限 HHI 的标准差和同一年限不同行业 HHI 的标准差发现，由于行业变异导致的标准差平均为 9.5%，显著高于由于同一行业时间变异的标准差，其平均差额为 2%（本研究未列示该数据）。这说明我国不同行业之间垄断和竞争程度差异非常巨大。进一步分析，发现我国竞争程度高的行业为制造业、信息技术、房地产和社会服务等行业，而采掘业为行业集中度较高呈现垄断特征的行业。这种产业竞争格局反映了我国产业结构中低效竞争和低效垄断并存的局面，对于制造业等行业而言因为行业竞争过于分散，市场竞争过于激烈，从而呈现产品供过于求、产能过剩等局面；而产业的垄断体现在资源性行业，政府通过行政壁垒和行业进入维持这类行业的垄断地位。

第4章

产品市场竞争对公司
债务融资率的影响

本章的主旨在于研究产业竞争对企业债务融资的影响。企业债务融资首先面临的问题是为了实现公司价值最大化需要融入多少债务资金，其次才是债务期限和成本的选择问题。而融入多少债务资金的问题即债务融资率问题，也是资本结构的问题，即在公司融资中多少资金来自债务融资，多少资金来自股权融资。因此，分析产品市场竞争对企业债务融资率的影响时，可以从产品市场竞争与资本结构的角度进行理论分析。

4.1   理论分析及研究假设

早在 1958 年，莫迪格利安尼（Modigliani）和米勒（Miller）就在完美资本市场假设条件下，分析了企业资本结构的问题，开创了资本结构现代研究的先河，其研究发现资本的来源不会对企业价值形成影响。然而，MM 理论相关假设条件过于苛刻，现实中资本结构肯定会影响企业的价值，但是该理论为分析企业资本结构奠定了一个非常好的基准模型。后续发展的资本结构理论都是在 MM 理论奠定的框架下演变发展的。

资本结构和产品市场竞争理论是资本结构理论后续的重要发展。在 20 世纪 80 年代前，企业资本结构和产品市场竞争之间的关系并没有引起学术界应有的重视。一方面，研究资本结构和公司金融的学者认为，产品市场的收益、竞争态势主要是由于产品市场自身的形态决定的，与资本结构关系不大。另一方面，产业经济学也主要分析产品市场价格竞争、非价格竞争、产业组织形态，从而较少分析产品市场竞争与公司融资的关系。然而，伴随学科的发展，研究者慢慢发现企业资本结构与产品市场竞争等因素有密切的关系，从而慢慢发展了资本结构和产品市场竞争理论。然而事实上，产品市场竞争和企业的债务融资存在密切的关系。一方面，公司债务融资率的提高，增加了企业可用资金，提高了企业在产品市场上的产量，同时也降低了竞争对手的产量份额，从而企业负债会影响到产品市场竞争状况；另一方面，产品市场竞争状况会影响企业的财务报表状况从而影响公司债务融资率。具体而言，公司债务融资率和产品市场竞争理论研究开创于布兰德和刘易斯

（Brander and Lewis，1986），他们的研究一方面发现企业在产品市场上的行为决策受制于企业的资本结构或者公司债务融资率；另一方面，企业在产品市场的竞争状况也影响着企业的资本结构决策或者债务融资决策。其设计了一个两阶段的双寡头模型，分析表明在需求不确定的情况下，公司债务融资率和产品市场竞争的互动关系。具体而言，由于公司是有限责任的，当企业负债时其实质是股东拥有的一个看涨期权，所以企业有激励在产品市场表现得更有攻击性。布兰德和刘易斯（1986）研究了需求不确定条件下，企业进行 Cournot 竞争情况。然而企业竞争方式还包括 Stackelberg 和 Bertand 等竞争模式；企业经营面临着不确定性包括需求不确定性和成本不确定性。谢华德（1995）研究发现如果企业面临的是 Bertand 竞争，在成本不确定的条件下，企业将没有负债，即企业的债务融资率为零。而当需求不确定的情况下，处于 Bertand 竞争的企业将选择一定的负债水平。文泽里德（Wanzen-ried，2003）提出企业的债务融资决策严重依赖于产品市场的特征。后续一系列的研究其实质都在布兰德和刘易斯（1986）以及谢华德（1995）的基础上扩展的结果。

资本结构和产品市场竞争理论主要是从产业组织的视角来分析公司债务融资率和产品市场竞争的关系。一方面，资本结构或者公司债务融资率通过各种效应会对产品市场竞争产生影响；另一方面，产品市场竞争的形态也会对资本结构或者公司债务融资率产生影响。本研究的主题是从产品市场竞争的视角分析债务融资问题，因此，本章着重分析产品市场竞争对公司债务融资率的影响。本章的分析对于如何理解公司债务融资率或者资本结构的决定和产品市场竞争对公司金融的影响都有重要的意义。

根据前面的分析产品市场竞争是企业进行债务融资或者资本结构决策时必须考虑的问题。那么产品市场竞争对企业债务融资率的影响机制和路径究竟如何呢？根据产业组织理论和资本结构理论，产品市场竞争对企业债务融资率有以下几种影响机制（张合金和陈震，2014）。

首先，产品市场的竞争机制和压力，会导致企业利润水平下降，从而让企业通过外部债务融资的压力加大。即当市场上存在竞争对手时，企业对于投资的热情会相对减弱，从而减少企业的利润，最严重的情况下会降低企业的可保证收入，从而使得企业无法获取债务融资。一般而言，处于相对垄断的行业平均利润较高，而竞争较为充分的企业行业平均利润较低。利润高的行业相对而言，更加容易从外部债务市场上获取资金，而利润较低的行业更难从外部市场上获取债务资金。从该机理上讲，如果行业内部竞争相对缓和，处于该行内企业的债务融资率较高；如果行业内部竞争相对激烈，处于该行内的企业的债务融资率相对较低。同时，不同企业在行业内部的竞争地位不同，而导致债务融资能力不同。如在行业内部处于有利竞争地位的企业，其更容易获取外部债务资金，从而企业的债务融资率更高；而在行业内部处于相对不利竞争地位的企业，其更难获取外部债务资金，从而企业的债务融资率更低。

其次，产品市场企业面临类似的投资需求和成本条件，因此投资者可以观察相对业绩来对企业的业绩状况进行分析和监测，从而降低投资者的监督成本。即由于面临相似需求和成本条件的竞争者的存在，有助于投资者对代理问题的监控。竞争者的绩效所反映的信息，有助于投资者评估企业所处的市场环境，减少代理成本，这可以帮助企业从市场上获取资金。从这个角度讲，产品市场竞争能够降低信息不对称程度，从而帮助企业获取债务融资。然而，产品市场竞争降低信息不对称程度时也可用帮助获取更多的股权资金。因此，这个作用机制无法判断产品市场竞争与企业债务融资率的关系。

再次，在有限责任的条件下，如果公司是以股东价值最大化为目标，在不同的市场条下，债务会作为竞争策略使用，从而导致不同的债务融资率。通常，在寡头情况下企业比完全竞争条件使用更高比例的杠杆作为策略威胁新进入者（Bolton and Scharfstein, 1990；Brander and Lewis, 1986；Maksimovic, 1988；Ravid, 1988）。同时，在行业内部竞争处于优势地位的企业更有实力和动力使用杠杆策略来威胁新进入者，从而其债务融资率更高。因此根据有限责任模型预测，如果行业竞争相对缓和，处于该行业内企业的债务融资率相对较高；如果行业竞争相对激烈，处于该行业内企业的债务融资率相对较低。不同企业在行业内部的竞争地位不同，也会导致其债务融资率

呈现差异。在行业内部处于有利竞争地位的企业，更容易获取外部债务资金，从而其债务融资率更高；而在行业内部处于相对不利竞争地位的企业，其更难获取外部债务资金，从而企业的债务融资率更低。

最后，根据掠夺模型更高比例债务融资的企业更容易被更低债务融资企业掠夺，从而企业为了维护自身在产业竞争中的优势会减少负债融资的比例。具体而言，如果一个行业产品市场竞争非常充分，企业资产负债比率过高会导致企业后续的投资能力不足以及在价格战和营销战中财务承受能力不足，因此被迫削减投资，乃至出现利润或者现金流水平下降的情况，这时企业会降低债务融资率。同时在宏观经济环境等发生较大变化时，产品市场竞争激烈行业的企业，如果债务融资率较高的也更容易陷入财务困境中，其面临的风险较大（Bolton and Scharfstein，1990；Opler and Titman，1994）。因此，产品市场竞争越激烈，为了防止自身的被掠夺或者破产风险，处于该类行业的企业会减少杠杆的使用。相反，如果产品市场竞争相对缓和，处于该行业中的企业面临的掠夺风险较小，从而处于该类行业中的企业可以承担更高的债务融资率。同时，在行业中处于竞争优势的企业其面临的掠夺风险更小，其更可能承担更高的债务融资率；而在行业中处于竞争劣势的企业其面临的掠夺风险较大，其更可能承担更低的债务融资率。

根据前面的分析可以发现：如果行业竞争相对缓和，处于该行业内企业的债务融资率相对较高；如果行业竞争相对激烈，处于该行业内的企业的债务融资率相对较低。不同企业在行业内部的竞争地位不同，也会导致其债务融资率呈现差异。在行业内部处于有利竞争地位的企业，其更容易获取外部债务资金，从而企业的债务融资率更高；而在行业内部处于相对不利竞争地位的企业，其更难获取外部债务资金，从而企业的债务融资率更低（Lee，2010）。

根据前文的理论分析，本章结合梯若尔（Tirole，2006）以及陈建梁和王大鹏（2006）的理论分析构建如下简单的分析模型。

假定企业投资只有两期，在期初投资（T0），在期末收回（T1）。假定企业为了在产品市场竞争中获取优势，而需要进行创新投资，投资支出为 I，

I > 0。投资的资金来自债务融资（D）和股权融资（E），因此有 I = E + D，其中 D > 0，E > 0。企业在 T0 时融资，在 T1 时偿还债务 D，剩余的索取权归属股东所有。假设投资能够带来的现金流量水平为 C，C 是投资规模（I）、产品市场竞争程度（PMC）和其他因素（U）的函数，即有 C = f(I, PMC, U)。

企业产生的现金流水平（C）和投资规模（I）、产品市场竞争程度（PMC）的关系如下：

$\dfrac{\partial f}{\partial I} > 0$，$\dfrac{\partial^2 f}{\partial I^2} > 0$，即企业的现金流水平与投资规模（I）单调递增，但是投资带来的边际现金流水平递减。

$\dfrac{\partial f}{\partial PMC} > 0$，企业的现金流水平与产品市场竞争程度负相关，即产品市场竞争越激烈，企业现金流流入水平越低。

因为企业的净现金流水平（NC）为：

$$NC = NC - I = f(I, PMC, U) - I$$

从而每单位股权净现金流水平（NCE）为：

$$NCE = \frac{f(I, PMC, U) - I}{E} = \frac{f(I, PMC, U) - I}{I - D}$$

由上面公式可以推导出 $\dfrac{\partial NCE}{\partial D} > 0$，伴随每单位债务（D）的增加，企业每单位股东权益价值增加，这意味着当投资能够产生净现金流时，企业的最优决策是增加债务融资率。但是企业债务融资是有上限的，这是因为企业债务融资需要到期还本付息，而还本付息的上限是企业投资项目产生的现金流。假设企业债务融资成本为 r，则 T1 时需要偿还本息为 D(1 + r)，偿还本息额上限为企业项目产生的现金流（NC），即：

$$D(1 + r) < NC$$

从而有：

$$D = \frac{NC}{1 + r} = \frac{f(I, PMC, U) - I}{1 + r}$$

根据前文的分析，当企业产生的净现金流为正时，企业的净现金流规模（NC）越大，则企业的融资规模越大，从而可以得到企业最大的债务融资规模

$$D^* = \frac{f(I,\ PMC,\ U) - I}{1 + r}$$

企业最优的债务规模 D^* 对产品市场竞争程度（PMC）求导可以得到：

$$\frac{\partial D^*}{\partial PMC} = \frac{1}{1 + r} \times \frac{\partial[f(I,\ PMC,\ U) - I]}{\partial PMC}$$

根据前文的分析，$\frac{\partial f}{\partial PMC} < 0$，从而有产品市场竞争越激烈，企业债务融资率越低。

根据以上理论分析，本章提出以下研究假设：如果行业竞争相对缓和，处于该行业内企业的债务融资率相对较高；如果行业竞争相对激烈，处于该行业内的企业的债务融资率相对较低。不同企业在行业内部的竞争地位不同，也会导致其债务融资率呈现差异。在行业内部处于有利竞争地位的企业更容易获取外部债务资金，从而企业的债务融资率更高；而在行业内部处于相对不利竞争地位的企业更难获取外部债务资金，从而企业的债务融资率更低。

4.2　样本选择与数据来源

本章核心研究数据是基于 A 股上市公司 2001～2014 年样本，数据主要来源是国泰君安 CSMAR 数据库，同时参考 Wind 的数据库和同花顺 iFinD 数据库。本章涉及产品市场竞争的分析，主要是按照行业分类进行计算的。本章基于证监会行业分类指引（2012 修订版）对行业进行分类。同时对行业处理进行如下处理：（1）将制造业细分成 10 个子行业，这是因为制造业集中了大量的上市公司，为了方便研究需要进行细分；（2）剔除金融保险业，这是因为金融行业受到国家显性或者隐性的担保，以及政府管制对金融行业的资本充足率的规定直接影响到这类企业的资产负债率；（3）剔除样本量较少的家具制造业（张合金等，2014）。

4.3 变量选择

4.3.1 被解释变量：资产负债率

本章利用企业的资产负债率（Lev）作为企业债务融资率的代理变量。具体度量上，企业的资产负债率可以度量为企业负债账面价值比总资产账面价值、企业负债账面价值与公司资产市场价值之比，其中，公司资产市场价值要根据公司的股权价值估计才能够获得。

4.3.2 解释变量：产品市场竞争

产品市场竞争（PMC）学术界缺乏，全面地刻画产品市场竞争状况的指标，因为产品市场竞争的维度是多元化的。由于产业经济学对产品市场竞争有多种度量指标，因此，本章在遵循国内外研究的基础上考虑如下指标来度量产品市场竞争程度：行业集中度（CR4）、赫芬达尔—赫希曼指数（HHI）、HHI 的虚拟变量（HHIQ）、公司经营相似程度即自然边界（nh）、勒纳指数或价格边际成本（pcm）、超额价格边际成本（epcm）（刘志彪等，2003；Hou and Robinson，2006；吴昊旻等，2012）。这些指标整体可以分为两类，一类是度量行业整体竞争激烈状况的，行业集中度（CR4）、赫芬达尔—赫希曼指数（HHI）以及 HHI 的虚拟变量（HHIQ）；一类是度量企业在行业内部的竞争地位的，如勒纳指数或价格边际成本（pcm）、超额价格边际成本（epcm）。下面对各个指标的计算方法和内涵进行简单论述。

行业集中度（CR4）即行业中产出最大的 4 家企业的市场份额之总和。这里一个企业的市场份额为企业的主营业务收入比全行业主营业务收入。行业集中度反映了最大的几个企业在市场中的势力和产业结构集中程度，然而无法反映企业之间的博弈情况（张合金等，2014）。

赫芬达尔—赫希曼指数（HHI）是用一个行业中占行业市场份额的平方和来度量，即：

$$HHI_{i,j,t} = \sum_i (X_{i,j,t} / \sum X_{i,j,t})^2$$

其中，i 表示企业，j 表示所属行业，t 表示所属年份，其中 $X_{i,j,t}$ 为企业 i 在 t 时主营业务收入。同时，也可以使用企业的总资产替代主营业务收入。$HHI_{i,j,t}$ 为 i 企业所属行业 j，在 t 年的赫芬达尔—赫希曼指数。通过上述公式可以观察到，HHI 越低表示该行业竞争越充分；HHI 越高表明行业的集中度越高。HHI 的范围在 0～1 之间，HHI 为 0 时表示整个市场是完全竞争市场，各个企业占整个市场的份额都微不足道；而 HHI 为 1 时表示整个市场是完全垄断市场，单个企业占据了整个市场规模。在具体分析 HHI 指标时，需要注意，在一个行业内公司数量一定的情况下，HHI 越小表明行业内企业之间规模差距不明显；相反，如果行业内企业之间的差距较大，则 HHI 表示大企业对小企业的影响程度较大。因此，HHI 可能存在测度偏误，因为较高的 HHI 可能反映的是行业内公司数量较少或者反映的是某行业内公司规模波动较大等状况（Lyandres，2006；张合金等，2014）。

HHI 虚拟变量（HHIQ）是将赫芬达尔—赫希曼指数（HHI）指数低于下四分位数的令为 1，将赫芬达尔—赫希曼指数（HHI）大于下四分位数的令为 0，同瓦尔塔（Valta，2012）的方法一致。这样处理的好处是减少 HHI 波动对估计结果的影响，直观地作为行业竞争的代理变量。

勒纳指数也称为价格边际成本（pcm），其为公司在产品市场价格减产品边际成本后除以产品边际成本。勒纳（Lerner，1934）提出勒纳指数是指企业在边际成本上进行定价的能力，其用于反映企业的产品市场势力或者定价优势。如果勒纳指数越高，则企业在产品竞争市场上的市场势力越大，或者企业在产品竞争市场上的定价优势越明显；如果勒纳指数越低，则企业在产品竞争市场上的市场势力越弱，或者企业在产品竞争市场上越处于劣势。卡鲁纳（Karuna，2007）提出价格边际成本（pcm）也可以用于反映企业产品的异质性程度，如果勒纳指数越高，则企业产品异质性程度越高；相反如果勒纳指数较低，则说明其与一般的产品没有显著的区别。勒纳指数相对于赫芬达尔—赫希曼指数（HHI）的优势是其能够较为真实地刻画出公司在产品市场上的垄断势力以及对资源配置效率的高低：如果价格边际成本

（pcm）较高，表明公司在产品竞争市场上的垄断势力较强，对资源配置的效率较低；如果勒纳指数较低，则表明公司在产品竞争市场上的垄断势力较弱，对资源配置的效率较高（张合金等，2014）。具体计算本章参考吴昊昊等（2012）的方法，使用企业折旧及息税前利润比销售额来度量，该指标越高则表明价格边际成本（pcm）越高，该指标越低则表明价格边际成本（pcm）较低。

超额价格－成本边际（epcm）为公司的勒纳指数（PCM）超过行业平均的勒纳指数。而行业平均的勒纳指数均值是基于行业内各个企业每年行业平均的勒纳指数计算的简单算数平均。相对于勒纳指数而言，该指标剔除了行业整个的垄断优势，而只考虑了公司自身在行业内部的竞争优势和市场势力。这也意味着勒纳指数所考虑的垄断势力是包含了整个行业的垄断势力的（Gaspar and Massa，2006）。通常而言，超额价格－成本边际（epcm）越高，则企业在行业中的定价优势相对于行业内的其他企业而言更加明显，超额价格－成本边际（epcm）越低，则企业在行业中的定价劣势相对于行业内其他企业而言更加明显。总之，这一指标更能反映出企业在行业内部的地位。

自然边界（nh）通过企业的资本劳动比和所在行业的资本劳动力比平均水平或者中值水平的相对差异来反映行业内公司经营的相似程度。如果企业与行业均值或者中值水平越接近，则该企业的竞争力越弱（Mackey and Phillips，2005；张合金等，2014）。具体而言，相关指数的计算公式如下：

$$NH_{i,j,t} = \frac{\left| \left(\frac{k}{l} \right)_{i,j,t} - median_{i,j,k} \left(\frac{k}{l} \right) \right|}{range \left\{ \left| \left(\frac{k}{l} \right)_{i,j,t} - median_{i,j,k} \left(\frac{k}{l} \right) \forall i \in j, \ t \right| \right\}}$$

其中 i 表示企业，j 表示所属行业，t 表示所属年份，K 表示资本，L 表示劳动力，表示一个企业 i 在 t 时点的资本劳动化率，其反映了公司的技术创新能力或者创新水平。其中资本 K 用固定资产净值作为代理变量；劳动力 L 用公司员工数作为代理变量。K/L 表示行业 j 在 t 时刻的资本劳动化率水平，反映了一个行业平均的技术创新能力或者创新水

平。如果一个企业的创新水平或者创新能力相对于行业的水平或者能力越强，则表明这个企业在行业内的竞争力相对更强。为了获取标准化的数据，本章对企业资本劳动化率 $\left(\left(\dfrac{k}{l}\right)_{i,j,t}\right)$ 和企业所处行业资本劳动化率之差，通过除以某行业企业资本劳动化率与行业资本劳动化率的全距 $\left(\text{range}\left\{\left|\left(\dfrac{k}{l}\right)_{i,j,t}-\text{median}_{i,j,k}\left(\dfrac{k}{l}\right)\forall i\in j,\ t\right|\right\}\right)$ 来进行标准化处理。其中，Range 表示全距，就是用最大值减去最小值。因此，该指标也反映企业在行业内的市场势力，即自然边界（nh）越高的企业在行业内市场地位越高，竞争优势越明显；自然边界越低的企业在行业内市场地位越低，竞争优势越弱。

4.3.3　控制变量

控制变量主要是分析其他对资产负债率的影响因素。资本结构的相关理论已经识别出许多影响资产负债率的重要因素。下面根据国内外的理论文献和实证文献逐一分析对资产负债率有重要影响的变量（何卫东和张嘉颖，2002；童勇，2004；赵蒲和孙爱英，2005；沈艺峰等，2009；周开国和徐亿卉，2012；李曜和丛菲菲，2015），具体见表 4 – 1。

表 4 – 1　　　　　　　　　　　变量代码名称以及计算方法

变量	变量名	计算方法	预期符号
Lev	资产负债比率	总负债比总资产	
HHI	赫芬达尔指数	利用行业内市场份额平方和加总	+
HHIQ	HHI 虚拟变量	将 HHI 指数低于下四分位数的令为 1，将 HHI 大于下四分位数的令为 0，同 Valta（2012）的方法一致	–
CR4	行业集中度	行业内前 4 名企业的市场份额之和	+
pcm	勒纳指数	即价格边际成本，用折旧及息税前利润/销售额来度量（吴昊昊等，2012）	+

续表

变量	变量名	计算方法	预期符号
epcm	超额价格 – 成本边际	等权的 EPCM = 公司 PCM – 行业的 PCM 均值	+
nh	自然边界	$$NH_{i,j,t} = \frac{\left| \left(\frac{k}{l}\right)_{i,j,t} - median_{i,j,k}\left(\frac{k}{l}\right) \right|}{range\left\{ \left| \left(\frac{k}{l}\right)_{i,j,t} - median_{i,j,k}\left(\frac{k}{l}\right) \forall\, i \in j,\ t \right| \right\}}$$ 其中 i 表示企业，j 表示所属行业，t 表示所属年份	+
lnasset	规模	总资产的自然对数	+
ROA	盈利能力	净利润/资产总额	–
taxrate	实际税率	所得税费用比税前会计利润来衡量	+
tasset	资产构成	固定资产比总资产	+
growth	成长性	主营业务增长率	–
liquid	资产流动性	流动资产比流动负债	?
exit	退出价值/资产专用性	1.0 × 现金 + 0.715 × 应收账款 + 0.547 × 存货投资 + 0.535 × 固定资产	+

　　企业资产规模（lnasset）。通常企业规模越大，企业所需要日常经营和发展所需要的负债资金总量越大。同时，由于大规模企业具有风险分散的功能、信息不对称程度更低以及其破产成本有较强的外部性，因此这类企业容易形成较高的资产负债率。具体而言：第一，企业规模大有能力分散风险，从而有实力充分利用财务杠杆增加资本回报率，从而提高资产负债比率（Warner，1997）。第二，大企业具有较强的外部性，从而激励其提高资产负债比例。外部性就是企业由于其高杠杆和高风险对其他经济主体产生了负面影响，而这种负面影响不会直接体现在其盈利上。因此，企业自身有激励通过提高杠杆率来冒险，从而一旦出现损失可以部分转嫁给其他经济主体，而自身并没有遭受更多的损失。第三，大企业相对于小企业信息不对称程度更低，大公司更容易获取负债，从而资产负债率更高（Fama，1985）。总之，企业规模越大越有可能增加负债水平，提高资产负债率。因此，预期企业规模与公司的资产负债率呈现正相关关系。本章使用企业资产规模的对数

（lnasset）作为企业规模的代理变量。

盈利能力（ROA）。通常而言，企业盈利能力越强，企业产生的现金流满足自身经营和发展的能力就越强。根据优序融资理论，企业优先选择进行内部融资，然后是外部融资，而外部融资优先选择负债融资。这意味着盈利能力越强的企业会减少对外部融资尤其是负债融资的需求。本章使用资产收益率来衡量盈利能力。因此，本章预期企业资产收益率与企业的盈利能力呈现负相关关系。

资产构成（tasset）。资产构成主要是指有形资产或者无形资产占总资产的比重。通常认为有形资产可以提供担保等功能，在企业面临财务破产时有形资产可以增加债权人的回收率，企业有形资产比重越高越有利于企业负债融资（Fama，1990），从而企业可以承受的债务融资率越高。同时，从信息不对称的角度来看，企业资产构成中无形资产比重较高，面临的信息不对称程度也较高；而有形资产占比较低时，企业面临的信息不对称程度较低。因此，当企业持有有形资产时债权人面临的信息不对称程度越低，更愿意为其融资，从而企业可以承受的债务融资率越高。有形资产担保能够一定程度减少债权人的监督成本，从而降低负债的代理成本，可以帮助企业获取更多的负债资金，从而企业可以承受的债务融资率越高。总之，企业资产构成中有形资产比重越高，企业的资产负债比率可能越高。本章使用有形资产占总资产的比重来度量资产构成，因此预期资产构成与企业资产负债率正相关。

税盾效应。根据莫迪格利安尼（Modigliani）和米勒（Miller）的分析，在公司税是唯一市场不完美的情况下，企业的最佳选择是全部使用负债。根据税收理论，由于负债利息能够抵扣税收，因此更高的税率意味着企业可以使用更多的负债（Haugen and Senbet，1986），从而企业的资产负债比率越高。本章使用实际税率（taxrate）即所得税费用比税前会计利润来衡量税盾效应，因此，预期实际税率与资产负债率正相关。

成长性（growth）。现有的文献认为具有成长价值的公司，应该选择更低的负债。这是因为负债的使用会限制公司的投资机会。具体而言，由于债权是一个看跌期权，对于看跌期权而言标的资产波动率约大，则债权的期权价值越小。高成长性公司相对于低成长性公司而言其波动率更高，从而对于债权人而言更加不利，因此债权人的最优选择是减少投资高成长性公司的债权（Kim and Sorensen，1986；Booth et al.，2001）。同时，对于公司而言，如果自身是高成长性公司也应该减少债务融资，因为债权人处于资金安全性考虑可能会限制一些投资机会从而导致公司丧失一些投资机会，导致公司投资不足的问题（Jensen，1986；Stulz，1990）。因此，当公司成长性越高时，公司的最优选择是较低的资产负债率；而当公司成长性较低时，公司的最优选择是较高的资产负债率。总之，公司成长性和公司的资产负债比率负相关。这里采用公司资产的增长率（growth）来度量公司的成长性。同时也可以用托宾 Q 来衡量公司的成长性。因此，预期增长率或者托宾 Q 与企业资产负债率负相关。

资产流动性（liquid）。资产流动性对企业资产负债比率的影响是不确定的。一方面，如果企业持有较多高流动性资产，其能够偿还短期负债的能力更强，从而资产流动性可能与资产负债率呈现正相关关系。另一方面，企业持有的流动性资产比重越高，表明股东或者管理层可以操纵的资产越多，而股东或者管理层操纵的资产可能会损害债权人的利益，从而资产流动性可能与资产负债率呈现负相关关系。因此，资产流动性和资产负债比率的关系不确定。本章使用流动资产比流动负债比重表示资产流动性。

资产专用性（exit）。资产专用性是指一项资产在改变使用主体和用途的情况下会导致资产价值大幅贬值的这一属性。资产专用性包括产品独特性，通常具有独特性产品的企业其资产都具有较强的专用性。从资本结构的权衡理论来看，产品独特性越强的企业能够承担的资产负债比率应该越少。这是因为为了生产具有独特性的产品，企业工人和供应商需要独特的工作技能、企业需要独特的设备以及客户难以找到可替代的服务。如果企业破产，那么顾客、工人、供应商和企业会承担更高的成本。因此，为了减少企业破产的概率和降低企业破产成本，产品独特性较高或者资产专用性较强的企业理性的选择是减少资产负债比率（Williamson，1979）。因此，企业资产专

用性越强，则企业最优的资产负债比率越低；企业资产专用性越弱，则企业最优的资产负债比率越高。有的研究使用研发费用和广告费用比销售收入作为资产专用性的代理变量（Balakrishnan and Fox，1993），有的采用固定资产净值、无形资产、在建工程以及长期待摊费用之和比企业总资产的比重作为资产专用性的代理变量（周煜皓和张盛勇，2014）。这里采用贝格等（Berger et al.，1996）以及李青原等（2007）提出的退出价值作为资产专用性（uniq）的代理变量，退出价值定义为 $1.0 \times$ 现金 $+0.715 \times$ 应收账款 $+0.547 \times$ 存货投资 $+0.535 \times$ 固定资产。企业退出价值越低，企业其资产专用性越强；企业退出价值越高，企业的资产专用性越弱。企业退出价值越低，则企业其资产专用性越强，企业资产专用性越强，则企业最优的资产负债比率越低；企业退出价值越高，则企业其资产专用性越弱，企业资产专用性越弱，则企业最优的资产负债比率越高。因此，本章预期企业的资产负债率与企业退出价值正相关。

4.4　实证模型

考虑到资本结构即企业的资产负债比率会存在调整的过程和成本，因此从动态的视角来分析产品市场竞争和其他因素对企业债务融资率的影响更科学。动态调整资产负债比率一个隐含的前提是公司有一个最优的目标资本结构。而由于调整成本的原因，实际资本结构向目标资本结构调整的需要一个渐进的过程。具体表示如下：

$$D_{i,t} - D_{i,t-1} = \alpha(D_{i,t}^* - D_{i,t-1})$$

其中，$D_{i,t}$ 表示为企业 i 在第 t 年和第 t-1 年的实际资产负债比率；$D_{i,t} - D_{i,t-1}$ 表示为资产负债比率调整状况；$D_{i,t}^*$ 是目标资产负债比率；$D_{i,t}^* - D_{i,t-1}$ 是目标资产负债比率调整状况。α 是调整速度，其反映实际资产负债比率调整速度相对于目标资产负债比率调整速度的差异。如果企业调整资产负债比率速度很低，那么 α 很小，如果企业调整资产负债比率速度很快，那么 α 接近于1。从而有实际资产负债比率：

$$D_{i,t} = \alpha D_{i,t}^{*} + (1 - \alpha) D_{i,t-1}$$

上式可以观察到，企业 i 在 t 时期的资产负债比率是目标资产负债比率和上一期资产负债比率的加权平均。整理可得：

$$D_{i,t} = \gamma D_{i,t-1} + \beta Control_{i,t-1} + \epsilon_{it}$$

该式中 $D_{i,t}$ 是企业 i 在 t 时期的资产负债比率，而 $D_{i,t-1}$ 是企业 i 在 t - 1 时期的资产负债比率，$Control_{i,t-1}$ 为控制变量在 t - 1 时期的值，γ 为（1 - α），从而得到本章估计的模型。通过滞后一期的实证处理还能在一定程度上缓解内生性问题。因为除了产品市场竞争对企业资产负债率会有影响外，根据前文的分析，企业资产负债率或资本结构也可能对产品市场竞争产生影响。因此，企业资产负债率和产品市场竞争之间存在一定的内生性问题。因此我们借鉴范等（2012）的处理方法将所有解释变量滞后一期来缓解可能的内生性问题。

同时，本章另外一种解决内生性问题的办法是采用阿雷利亚诺（Arellano，1991）和布维尔（Bover，1995）提出的广义矩估计（GMM）方法，因为广义矩估计相对传统的（广义）最小二乘法和极大似然法等有更多良好的性质。广义矩估计的估计量具有稳健性的特点，能比较有效地减轻内生性问题和异方差问题，提升回归结果的精确度。广义矩估计主要包括差分广义矩估计和系统广义矩估计两种。根据阿维利亚诺和布维尔（Arellano and Bover，1995）的研究系统广义矩估计是通过增加原始水平值的方程来解决仅仅使用差分方程面临的弱工具问题。系统广义矩估计（SYS – GMM）根据估计方法的不同可以进一步细分为一步广义矩和两步广义矩。两步广义矩的优势在于对有截面相关性或者异方差的数据在估计上更加稳健，但是其劣势在于它会低估标准差，从而导致显著性会高估。为了解决这个问题温，德米尔（Windmeijer，2000）提出了可以纠正偏差的稳健标准差指标，这个指标可以更加精确地对标准差进行估计，有助于解决两步广义矩估计带来的问题。

为了保证模型估计结果的有效性、显著性和稳健性，本章还做了 Sargan 检验和残差序列相关性检验。Sargan 检验用于检验解释变量是否与随机干扰项相关，目的是检验解释变量是否是外生的以及其使用是否合理。一个良好的工具变量包括两个特征：一个是与关键自变量高度相关，而与不可观测因素不相关。所以还需要通过 Sargan 检验来检验工具变量与不可观测因素之间的相关性程度。序列相关检验是因为差分广义矩估计（DIF – GMM）和系统广义矩估计要求原始模型的残差不存在序列相关问题。在差分后残差项会存在一阶序列自相关，因此，需要检验差分后的扰动项是否有二阶甚至更高阶的序列自相关。如果存在二阶相关，那么意味着选取的工具变量无法较好地解决内生性问题，不具合理性。

4.5　实证结果及分析

4.5.1　回归分析

从 GMM 估计结果可以发现（见表 4 – 2），残差序列相关检验（AR（2））表明一阶相关而二阶序列不相关，从而用滞后变量作为工具变量具有一定的合理性；Wald 检验在 1% 水平上显著，这说明系数整体是联合显著的；Sargan 检验表明工具变量和误差项不相关。

表 4 – 2　　　　　　　产品市场竞争与企业资产负债率回归分析

变量	(1) Lev	(2) Lev	(3) Lev	(4) Lev	(5) Lev	(6) Lev
L. HHIQ	-0.132^{***} (-2.78)					
L. HHI		0.0243^{***} (4.11)				
L. CR4			0.0319^{***} (2.74)			
L. pcm				0.0288^{**} (2.20)		

续表

变量	(1) Lev	(2) Lev	(3) Lev	(4) Lev	(5) Lev	(6) Lev
L. epcm					0.0136 * (1.89)	
L. nh						0.0463 *** (3.31)
L. Lev	0.746 *** (52.41)	0.746 *** (52.42)	0.746 *** (52.40)	0.744 *** (51.92)	0.745 *** (52.00)	0.747 *** (51.93)
L. lnasset	0.00309 *** (3.08)	0.00302 *** (3.01)	0.00302 *** (3.01)	0.00310 *** (3.08)	0.00302 *** (3.01)	0.00303 *** (3.03)
L. ROA	−0.0478 * (−1.88)	−0.0469 * (−1.84)	−0.0464 * (−1.83)	−0.00730 (−0.24)	−0.0176 (−0.57)	−0.0459 * (−1.81)
L. tasset	0.0132 (1.84)	0.0142 * (1.96)	0.0142 * (1.96)	0.0146 ** (2.02)	0.0144 ** (1.98)	0.0143 ** (1.98)
L. growth	−0.00183 *** (−3.43)	−0.00183 *** (−3.42)	−0.00180 *** (−3.38)	−0.00172 *** (−3.17)	−0.00179 *** (−3.29)	−0.00181 *** (−3.40)
L. taxrate	0.0160 ** (2.07)	0.0152 ** (1.98)	0.0141 * (1.84)	0.0172 ** (2.21)	0.0167 ** (2.15)	0.0150 * (1.95)
L. liquid	0.00128 (0.42)	0.00116 (0.38)	0.000983 (0.32)	0.000882 (0.29)	0.000891 (0.29)	0.00116 (0.38)
L. exit	0.0299 * (1.90)	0.0282 * (1.81)	0.0269 * (1.73)	0.0369 ** (2.27)	0.0332 ** (2.09)	0.0283 * (1.82)
_cons	0.171 *** (10.89)	0.171 *** (10.86)	0.171 *** (10.69)	0.178 *** (11.23)	0.173 *** (11.02)	0.171 *** (10.82)
SarganP 值	0.118	0.231	0.305	0.134	0.210	0.223
AR(1)P 值	0.000	0.000	0.000	0.000	0.000	0.000
AR(2)P 值	0.404	0.208	0.176	0.115	0.342	0.263
Wald 检验	1187.02 ***	1271.17 ***	1416.02 ***	1236.38 ***	1327.49 ***	1145.36 ***
N	18712	18712	18712	18712	18712	18712

注：括号内为 t 值，* 表示 $p < 0.1$，** 表示 $p < 0.05$，*** 表示 $p < 0.01$。

通过回归结果可以观察到，当企业所处的行业集中度较高时（即模型 HHI 或 CR4 较高时的情形），企业资产负债比率较高，企业的债务融资率较高；相反，当企业处在产品市场竞争程度激烈的环境中，企业资产负债比率较低，这意味着企业的债务融资率较小。同时，从行业内部的竞争来看，当前企业在行业中具有显著的市场优势时（即 pcm、epcm 和 nh 较高时）企业能够从债权人那里获得更多的负债，相反那些在行业竞争中处于劣势的企业，企业债务融资率更低。具体来看，如果一个较另一行业的行业市场集中度（CR4）提高 1%，处在该行业企业的资产负债比率提高 0.0319%，并且在百分之一的置信水平上显著。如果一个行业较另一行业的赫芬达尔—赫希曼指数（HHI）提高 1%，处在该行业企业的资产负债比率提高 0.0243%，并且在 1% 的置信水平上显著。而如果一个企业处于竞争性行业，相对于其处于垄断性行业，其资产负债率降低 0.132%，并且在 1% 的置信水平上显著。如果一个企业的勒纳指数提高 1%，该企业的资产负债率上升 0.0288%，并且在 5% 的置信水平上显著；而如果一个企业的超额价格－成本边际（epcm）上升 1%，则企业的资产负债率上升 0.0136%，并在 10% 的置信水平上显著。如果一个企业的自然边界提高 1%，则企业的资产负债率上升 0.0463%，并在 1% 的置信水平上显著。

从其他控制变量来看，首先发现资产负债率滞后项的系数在 1% 的水平上显著为正，这说明中国上市公司确实存在实际资产负债率向目标资产负债率调整的现象。该研究结论的实证系数与于蔚等（2012）的研究较为一致，也与钱（Qian，2009）的研究结论较为一致。研究结果表明由于上市公司资产负债率调整存在一定的成本，从而企业的实际资产负债率无法立即调整到目标资产负债率，调整速度在 0.25 的水平。这意味着上市公司资产负债率调整每年可以完成目标资产负债率和实际资产负债率差值的 25%。

从公司规模（lnasset）对资产负债比率的影响来看，公司规模与资产负债比率在 1% 的置信水平上正相关，这与拉詹和辛格莱斯（1995）以及肖作平（2004）、沈艺峰等（2009）的研究结论一致。这是因为：第一，公司规模越大，企业可以进行多元化经营以及具有更为稳定的现金流，其面临债务危机的概率更小，从而可以承受更高的资产负债率水平。第二，从债权人的角度来看，在不考虑其他条件的情况下公司规模越大，其破产概率越小，银行等债权人更愿意为其提供资金。第三，企业规模越大，其更容易向贷款人提供更多的信息，从而对大公司的信息不对称程度较低，更容易从债务市场上获取资金（Fama and Fensen，1983；Fama，1985）。

企业资产收益率（ROA）与资产负债比率在10%的置信水平上负相关，这意味着盈利能力越强，企业资产负债比率越低，这验证了迈尔斯和马伊卢夫（Myers and Majluf，1984）信息不对称的假说。即在信息不对称条件下，内源融资会被优先选择。因此，企业盈利能力越强选择内源融资的概率越大，从而资产负债比率越小。这与瓦尔德（Wald，1999）、冯福根（2000）、沈艺峰等（2009）的研究结论一致。

固定资产比率（tasset）与资产负债比率在10%的置信水平上正相关。这与格罗斯曼和哈特（Grossman and Hart，1982）的理论分析一致，即固定资产多是可以用于抵押的担保品，这可以降低企业负债融资难度。具体而言，由于债权人持有企业的抵押品，债权人的权利可以得到部分保障，如果本金或者利息无法得到偿还，则债权人获取抵押资产。即放贷者在对方无法履约的条件下还可以收回一部分资产。固定资产比率越高，债权人更偏好企业融资，从而资产负债比率可以维持较高水平。

成长机会（growth）与资产负债率在1%的置信水平上显著负相关，这说明成长机会越高的企业其资产负债比率越低。这与拉詹和辛格莱斯（1995）以及周开国和徐亿卉（2012）等研究结论一致。这是因为，第一，拥有较多成长机会的公司担心债权人约束其放弃最有价值的投资机会，从而保持较低的负债水平（Myers，1977）。第二，中国企业有股权融资偏好，具有较好增长的企业会择机选择定向增发等股票融资方式，从而降低企业资产负债率（肖作平，2003）。

实际税率（taxrate）与资产负债率在5%的置信水平上显著正相关，这说明企业负债确实存在税盾效应。即企业所得税率的提升会导致企业税后的债务融资成本更低，从而在高税率的情况下，促使企业使用更多的负债融

资。该结论与德安基洛和马苏里斯（DeAngelo and Masulis，1980）以及吴联生和岳衡（2006）的研究结论一致。

企业退出价值（exit）与负债水平正相关，并且在1%的置信水平下显著。这意味着企业的资产专用性与企业的债务融资成本负相关。与李青原（2007）的研究结论一致。这是因为具有较高产品独特性的公司，在清算时会面临较高破产成本。具体而言，其顾客较难找到可替代的售后服务；其员工较难找到类似技能需求的工作岗位，从而公司为了减少相应的破产成本而降低资产负债率。

4.5.2　稳健性检验

4.5.2.1　变量稳健性检验

（1）资产负债率的替代变量。

前文使用账面负债比账面资产作为资产负债率的代理变量。根据于蔚等（2012）的研究采用市值杠杆作为资产负债率的代理变量，能够在一定程度上缓解回归的内生性问题，因此本章的稳健性检验使用市值杠杆作为资产负债率的代理变量。市值杠杆的分子都是债务的账面价值，而分母为资产的市场价值。对于总资产的市场价值有不同的计算方法：一种方法是直接使用股权价值加总负债来计算，如白重恩（2005）和弗恩等（Firth et al.，2008）。然而有研究表明总资产市场价值并不等于股权的市值直接加上债务的账面价值（Bharath and Shumway，2004）。公司的资产价值需基于期权定价公式来确定，本章以期权的方法来确定公司资产的市场价值。由于上市公司股票价格和波动率可以直接观测，从而可以利用股权价值计算出公司资产的市场价值。具体而言，根据 Black – Scholes 期权定价公式联立方程可以得到公司总资产的市场价值。

$$V_e = N(d_1)V_a - De^{-rr}N(d_2)$$

$$\delta_e = N(d_1)V_a\delta_A/V_e$$

其中，

$$d_1 = \frac{\ln(V_a/D) + (r + \delta_A^2/2)\tau}{\delta_A\sqrt{\tau}}$$

$$d_2 = d_1 - \delta_A\sqrt{\tau}$$

$$N(d) = \int_{-\infty}^{d} \frac{1}{\sqrt{2\pi}} 1^{-x^2/2} dx$$

在该式中，各个符号分别指代的含义如下，V_e：公司股权的市场价值；$N(d)$：服从标准正态分布的分布函数；r：无风险利率；δ_e：股票的波动率。通过上式再利用迭代法就可以求解出企业资产的市场价值（V_a）和资产波动率（δ_A）。

要求解企业资产的市场价值首先需要计算股权价值（V_e）。在中国股权分置改革前，有大量的上市公司存在大量非流通股缺乏市场定价的问题。针对该类问题目前的计算方法是两种：第一种方法企业股权价值 = 股票价格 × 流通股本 + 每股净资产 × 非流通股本（夏立军和方轶强，2005；于蔚等，2012）；第二种方法企业股权价值 = 流通股本 × 股票价格 + 非流通股本 × 股票价格 × 0.3（Firth et al.，2008）。本章计算企业每个交易日的股权价值采用第二种方法。股票市场的波动率（δ_e）可以通过股票收益率计算出来。无风险利率 r 统一以央行发布的 1 年期定期存款利率来代替。由于存款利率可能在 1 年内呈现多次调整的状况，本章基于时间加权来计算加权平均利率作为无风险利率。在计算出股权价值（V_e）、股票市场的波动率（δ_e）以及无风险利率（r）3 个变量后，就可以代入方程计算得出企业资产预期价值（V_a）和资产波动率（δ_A）的值。

在 Black – Scholes 期权定价公式中的资产市场价值（V_a）和资产波动率（δ_A）都是用某一时间点的存量值，因此证券市场的波动会对计算结果产生一定的影响，使其有一定的偏差，如股票市场在年末大幅上升时会导致资产价值高估。为了更加准确地计算这个资产市场价值（V_a），可以通过计算出每日的资产市场价值（V_a）后进行算术平均。

在具体的求解过程中运用迭代法进行求解。其中，在计算资产波动率（δ_A）时，其初始值使用股权波动率（δ_e），就可以计算出每个交易日的资产市场价值，然后重新计算出资产波动率（δ_A），如果上次计算的资产波动率和下次计算的资产波动率（δ_A）在 0.1% 的精度内收敛，就停止计算。基于上述计算的企业资产的市场价值（V_a），可以计算出市值杠杆作为资产负债率的代理变量。

基于市值杠杆作为资产负债率的代理变量进行实证回归，其回归结果如表 4-3 所示。可以发现，回归结果并不改变关键解释变量的结果，但是部分控制变量的符号和显著性会呈现差异。通过观察回归结果发现，相对于账面负债资产比而言，市值杠杆比率与产品市场竞争的关系在统计上的显著性没有发生变化，不同的是系数绝对值大小有变化。

表 4-3　　产品市场竞争与基于市场价值计算的企业资产负债率回归分析

变量	(1) Lev	(2) Lev	(3) Lev	(4) Lev	(5) Lev	(6) Lev
HHIQ	-112 ** (-2.17)					
HHI		0.0128 ** (2.38)				
CR4			0.0263 *** (2.55)			
pcm				0.0779 *** (13.83)		
epcm					0.156 *** (16.06)	
nh						0.0776 *** (10.97)
L. Lev	0.816 *** (82.09)	0.816 *** (82.09)	0.816 *** (82.13)	0.810 *** (82.59)	0.812 *** (83.54)	0.800 *** (80.21)
L. lnasset	0.00402 *** (2.93)	0.00400 *** (2.92)	0.00397 *** (2.89)	0.00541 *** (4.00)	0.00405 *** (3.03)	0.00573 *** (4.16)

续表

变量	(1) Lev	(2) Lev	(3) Lev	(4) Lev	(5) Lev	(6) Lev
L. ROA	−0.107 *** (−4.97)	−0.107 *** (−4.98)	−0.107 *** (−4.98)	−0.0628 *** (−2.92)	−0.0402 * (−1.87)	−0.106 *** (−4.96)
L. tasset	0.0195 ** (2.44)	0.0195 ** (2.45)	0.0196 ** (2.45)	0.00744 (0.94)	0.00359 (0.46)	0.0266 *** (3.33)
L. growth	0.00298 (1.00)	0.00296 (0.99)	0.00295 (0.99)	0.00326 (1.11)	0.00396 (1.36)	0.00404 (1.37)
L. taxrate	0.0144 ** (2.13)	0.0144 ** (2.14)	0.0144 ** (2.14)	0.0123 * (1.85)	0.0118 * (1.79)	0.0161 ** (2.41)
L. liquid	−0.00195 (−1.20)	−0.00196 (−1.20)	−0.00197 (−1.21)	−0.00168 (−1.04)	−0.000910 (−0.57)	−0.00164 (−1.01)
L. exit	0.0253 * (1.93)	0.0252 * (1.93)	0.0251 * (1.92)	0.0304 ** (2.35)	0.0363 *** (2.83)	0.0331 ** (2.54)
_cons	0.116 *** (12.16)	0.115 *** (12.12)	0.114 *** (11.69)	0.122 *** (13.02)	0.111 *** (12.03)	0.127 *** (13.39)
N	18712	18712	18712	18712	18712	18712

注：括号内为 t 值，* 表示 $p < 0.1$，** 表示 $p < 0.05$，*** 表示 $p < 0.01$。

当企业所处的行业集中度较高时（即模型 HHI 或 CR4 较高时的情形），企业市值杠杆较高，从而企业的债务融资率较高；相反当企业处在产品市场竞争程度激烈的环境中，企业市值杠杆较低，这意味着企业的债务融资率较低。同时，从行业内部的竞争来看，当企业在行业中具有显著的市场优势时（即 pcm、epcm 和 nh 较高时），企业能够从债权人那里获得更多的负债，相反，那些在行业竞争中处于劣势的企业，企业债务融资率更低。具体来看，如果一个较另一行业的行业市场集中度（CR4）提高 1%，处在该行业企业的市值杠杆提高 0.0263%，并且在 1% 的置信水平上显著。如果一个较另一行业的赫芬达尔—赫希曼指数（HHI）提高 1%，处在该行业企业的市值杠杆提高 0.0128%，并且在 5% 的置信水平上显著。而如果一个企业处于竞争性行业，相对于其处于垄断性行业，其市值杠杆降低 0.112%，并且在 5% 的置信水平上显著。如果一个企业的勒纳指数提高 1%，该企业的市值杠杆上升 0.0799%，并且在 1% 的置信水平上显著；而如果一个企业的超额价格 – 成本边际（epcm）上升 1%，则企业的市值杠杆上升 0.156%，并且在 1% 的置信水平上显著。如果一个企业的自然边界（nh）提高 1%，则企业的市值杠杆上升 0.0776%，并且在 1% 的置信水平上显著。

（2）控制变量的替代变量。

鉴于有研究使用托宾 Q 来度量企业的成长性（Custódio and Ferreira，2012），本章使用托宾 Q 来替代增长率（growth）作为成长性的代理变量（见表 4 – 4）。托宾 Q 的计算方法为企业总市值加总负债之和除以总资产。其中，这里总市值采用最接近财年末的市值，市值计算方法为证监会公布的算法。结果发现处在产品市场竞争激烈行业的企业和在行业竞争中处于市场劣势的企业资产负债比率更低这一核心结论依然成立。除了部分控制变量的符号和显著性与基本模型有差异外，其他控制变量在符号与显著性上与基本模型一致，这说明本章的结论是稳健的。

表 4 –4　　　　　稳健性检验：用托宾 Q 作为成本性的代理变量

变量	(1) Lev	(2) Lev	(3) Lev	(4) Lev	(5) Lev	(6) Lev
L. HHIQ	− 0.00514 * (− 1.85)					
L. HHI		0.0241 *** (3.17)				
L. CR4			0.0198 ** (2.12)			
L. pcm				0.0256 ** (1.98)		
L. epcm					0.0336 ** (2.89)	

续表

变量	(1) Lev	(2) Lev	(3) Lev	(4) Lev	(5) Lev	(6) Lev
L. nh						0.0106 ** (2.14)
L. Lev	0.900 *** (14.34)	0.757 *** (52.90)	0.758 *** (52.63)	0.753 *** (52.09)	0.754 *** (52.25)	0.757 *** (52.11)
L. lnasset	− 0.000297 (− 0.12)	0.00636 *** (3.87)	0.00583 *** (3.64)	0.00565 *** (3.53)	0.00540 *** (3.38)	0.00570 *** (3.58)
L. ROA	0.0164 (0.50)	− 0.0678 ** (− 2.43)	− 0.0586 ** (− 2.25)	− 0.0231 (− 0.74)	− 0.0288 (− 0.91)	− 0.0593 ** (− 2.27)
L. tasset	0.0252 (1.52)	− 0.00812 (− 0.89)	− 0.00952 (− 1.05)	− 0.00726 (− 0.78)	− 0.00916 (− 1.00)	− 0.0103 (− 1.12)
L. tobinq	− 0.00320 (− 1.52)	− 0.000885 (− 0.39)	− 0.00229 * (− 1.92)	− 0.00268 ** (− 2.26)	− 0.00287 ** (− 2.39)	− 0.00256 ** (− 2.16)
L. taxrate	0.00960 (1.21)	0.0139 * (1.81)	0.0116 (1.51)	0.0139 * (1.78)	0.0134 * (1.73)	0.0122 (1.58)
L. liquid	0.0137 ** (2.02)	− 0.000771 (− 0.29)	− 0.000699 (− 0.27)	− 0.00127 (− 0.50)	− 0.00135 (− 0.53)	− 0.00122 (− 0.48)
L. exit	0.0538 *** (3.06)	0.0294 * (1.89)	0.0289 * (1.87)	0.0362 ** (2.25)	0.0332 ** (2.12)	0.0281 * (1.83)
_cons	0.0623 (1.60)	0.135 *** (10.40)	0.139 *** (11.56)	0.147 *** (12.33)	0.144 *** (12.39)	0.141 *** (12.03)
N	18712	18712	18712	18712	18712	18712

注：括号内为 t 值，∗表示 $p < 0.1$，∗∗表示 $p < 0.05$，∗∗∗表示 $p < 0.01$。

另外借鉴瓦尔塔（Valta，2012）的方法使用税息折旧及摊销前利润（EBITDA）比总资产（prf）作为衡量企业的盈利能力的替代变量（见表 4 - 5）。结果发现，产品市场竞争激烈相对缓和的企业和在行业竞争中处于市场优势的企业资产负债比率更高这一核心结论依然成立。除了部分符号和显著性与基本模型有差异外，其他控制变量在符号与显著性上与基本模型一致，这说明本章的结论是稳健的。

表 4 - 5　　　　　产品市场竞争与企业资产负债率回归：稳健性检验

变量	(1) Lev	(2) Lev	(3) Lev	(4) Lev	(5) Lev	(6) Lev
L. HHIQ	- 0. 105 *** (- 2. 58)					
L. HHI		0. 0197 *** (2. 79)				
L. CR4			0. 0153 * (1. 81)			
L. pcm				0. 0306 ** (2. 38)		
L. epcm					0. 0275 * (1. 95)	
L. nh						0. 0115 ** (2. 28)
L. Lev	0. 891 *** (13. 46)	0. 757 *** (52. 15)	0. 758 *** (51. 88)	0. 754 *** (51. 78)	0. 755 *** (51. 92)	0. 757 *** (51. 40)
L. lnasset	- 0. 000317 (- 0. 12)	0. 00599 *** (3. 63)	0. 00547 *** (3. 37)	0. 00551 *** (3. 42)	0. 00520 *** (3. 22)	0. 00534 *** (3. 31)
L. prf	0. 0359 (0. 92)	- 0. 0567 ** (- 1. 98)	- 0. 0476 * (- 1. 73)	- 0. 00706 (- 0. 22)	- 0. 0126 (- 0. 39)	- 0. 0488 * (- 1. 78)
L. tasset	0. 0197 (1. 26)	- 0. 00480 (- 0. 51)	- 0. 00680 (- 0. 73)	- 0. 00576 (- 0. 62)	- 0. 00763 (- 0. 83)	- 0. 00732 (- 0. 78)
L. tobinq	- 0. 00356 * (- 1. 68)	- 0. 00118 (- 0. 52)	- 0. 00257 ** (- 2. 18)	- 0. 00280 ** (- 2. 39)	- 0. 00304 ** (- 2. 58)	- 0. 00283 ** (- 2. 41)
L. taxrate	0. 00941 (1. 16)	0. 0142 * (1. 83)	0. 0119 (1. 53)	0. 0134 * (1. 72)	0. 0129 * (1. 66)	0. 0124 (1. 59)
L. liquid	0. 0125 * (1. 76)	- 0. 00115 (- 0. 43)	- 0. 00106 (- 0. 40)	- 0. 00120 (- 0. 47)	- 0. 00131 (- 0. 52)	- 0. 00158 (- 0. 63)
L. exit	- 0. 0548 *** (- 3. 05)	- 0. 0319 ** (- 2. 05)	- 0. 0314 ** (- 2. 03)	- 0. 0385 ** (- 2. 40)	- 0. 0351 ** (- 2. 25)	- 0. 0305 ** (- 1. 99)
_cons	0. 0695 * (1. 70)	0. 138 *** (10. 71)	0. 142 *** (11. 84)	0. 148 *** (12. 55)	0. 144 *** (12. 50)	0. 144 *** (12. 33)
N	18712	18712	18712	18712	18712	18712

注：括号内为 t 值，* 表示 p < 0. 1，** 表示 p < 0. 05，*** 表示 p < 0. 01。

总之，通过不同的被解释变量和不同的控制变量的稳健性检验表明，本章的核心结论并不因为被解释变量和控制变量度量方式的不同而发生变化。总之，结论表明：当企业所处的行业集中度较高时，企业的债务融资率较高；相反，当企业处在产品市场竞争程度激烈的环境中，企业的债务融资率较低。同时，从行业内部的竞争来看，当前企业在行业中具有显著的市场优势时，企业的债务融资率较高；相反，那些在行业竞争中处于劣势的企业，企业债务融资率较低。

4.5.2.2 估计方法稳健性检验

本章一个可能的挑战是，可能是行业的其他因素而不一定是行业的产品市场竞争程度和企业的市场优势影响着企业的资产负债率，因此，通过加入行业虚拟变量来控制行业的其他因素对资产负债率的影响，并进行最小二乘估计（OLS）。结果如表4-6，从表4-6中可以观察到本章的结论依然是稳健的，与广义矩估计（GMM）结果不同的是部分系数的绝对值和显著性发生了变化。然而核心结论依然成立，即回归结果显示：资产负债率与产品市场竞争的虚拟变量显著负相关，而赫芬达尔—赫希曼指数滞后项（L. HHI）、行业集中度滞后项（L. CR4）、勒纳指数或价格边际成本滞后项（L. pcm）、超额价格边际成本滞后项（L. epcm）、自然边界（L. nh）显著正相关。这说明即使在控制行业其他因素影响后，产品市场竞争程度和企业的市场优势仍然对企业的债务融资率有显著的影响。

表4-6   基于最小二乘估计（OLS）的稳健性检验

变量	(1) Lev	(2) Lev	(3) Lev	(4) Lev	(5) Lev	(6) Lev
L. HHIQ	-0.0875 ** (-2.37)					
L. HHI		0.00497 *** (2.88)				
L. CR4			0.0278 ** (2.25)			

续表

变量	(1) Lev	(2) Lev	(3) Lev	(4) Lev	(5) Lev	(6) Lev
L. pcm				0.0310 ** (−2.63)		
L. epcm					0.0233 * (1.80)	
L. nh						0.0133 ** (2.51)
L. Lev	0.804 *** (79.08)	0.803 *** (78.94)	0.803 *** (78.89)	0.802 *** (78.77)	0.802 *** (78.73)	0.802 *** (77.40)
L. lnasset	0.00170 (1.18)	0.00191 (1.32)	0.00182 (1.27)	0.00176 (1.22)	0.00165 (1.15)	0.00199 (1.37)
L. prf	−0.105 *** (−4.58)	−0.106 *** (−4.62)	−0.106 *** (−4.63)	−0.0773 *** (−2.69)	−0.0746 *** (−2.61)	−0.106 *** (−4.61)
L. tasset	−0.0220 ** (−2.45)	−0.0221 ** (−2.46)	−0.0220 ** (−2.45)	−0.0211 ** (−2.35)	−0.0208 ** (−2.31)	−0.0227 ** (−2.51)
L. tobinq	−0.00225 ** (−2.41)	−0.00203 ** (−2.19)	−0.00211 ** (−2.28)	−0.00210 ** (−2.27)	−0.00227 ** (−2.45)	−0.00211 ** (−2.28)
L. taxrate	0.0118 * (1.71)	0.0115 * (1.67)	0.0112 (1.62)	0.0120 * (1.73)	0.0118 * (1.70)	0.0115 * (1.67)
L. liquid	−0.00236 (−1.44)	−0.00245 (−1.49)	−0.00247 (−1.50)	−0.00216 (−1.31)	−0.00215 (−1.31)	−0.00232 (−1.41)
L. exit	−0.0297 ** (−2.22)	−0.0297 ** (−2.21)	−0.0296 ** (−2.21)	−0.0343 ** (−2.50)	−0.0345 ** (−2.52)	−0.0307 ** (−2.28)
_cons	0.129 *** (11.84)	0.125 *** (10.88)	0.119 *** (8.46)	0.133 *** (11.94)	0.130 *** (11.89)	0.130 *** (11.86)
N	18712	18712	18712	18712	18712	18712

注：括号内为 t 值，* 表示 $p < 0.1$，** 表示 $p < 0.05$，*** 表示 $p < 0.01$；鉴于篇幅，表中省略了行业虚拟变量。

除了采用广义矩估计（GMM）方法和最小二乘估计法外，本章还采用固定效应来估计产品市场竞争对资产负债率的影响。首先通过豪斯曼检验

（Hausman-test）对固定效应（fixed effects model）和随机效应模型（random effect model）进行选择，选择结果表明所有模型都适用于固定效应模型。回归结果如表4-7。回归结果发现本章的主要结论依然成立：即如果行业竞争相对缓和，处于该行业内企业的资产负债比率相对较高；如果行业竞争相对激烈，处于该行业内的企业的资产负债比率相对较低。不同企业在行业内部的竞争地位不同，也会导致其资产负债比率呈现差异。在行业内部处于有利竞争地位的企业，其更容易获取外部债务资金，从而企业的资产负债比率更高；而在行业内部处于相对不利竞争地位的企业，其更难获取外部债务资金，从而企业的资产负债比率更低。

表4-7   基于固定效应模型的稳健性检验

变量	(1) Lev	(2) Lev	(3) Lev	(4) Lev	(5) Lev	(6) Lev
L. HHIQ	-0.0645 ** (-2.01)					
L. HHI		0.00315 ** (2.21)				
L. CR4			0.0302 ** (2.03)			
L. pcm				0.0893 *** (12.62)		
L. epcm					0.168 *** (13.88)	
L. nh						0.116 *** (11.53)
L. Lev	0.478 *** (28.87)	0.477 *** (28.86)	0.477 *** (28.86)	0.477 *** (28.82)	0.477 *** (28.86)	0.478 *** (28.44)
L. lnasset	0.000442 (0.11)	0.000352 (0.09)	0.000341 (0.08)	0.000494 (0.12)	0.000209 (0.05)	0.000486 (0.12)
L. prf	-0.190 *** (-6.91)	-0.190 *** (-6.90)	-0.190 *** (-6.91)	-0.183 *** (-4.72)	-0.197 *** (-5.23)	-0.190 *** (-6.90)

续表

变量	(1) Lev	(2) Lev	(3) Lev	(4) Lev	(5) Lev	(6) Lev
L. tasset	−0.0369*** (−2.71)	−0.0364*** (−2.67)	−0.0363*** (−2.67)	−0.0365*** (−2.68)	−0.0363*** (−2.67)	−0.0359*** (−2.64)
L. tobinq	−0.00216 (−1.42)	−0.00216 (−1.42)	−0.00216 (−1.42)	−0.00217 (−1.43)	−0.00215 (−1.41)	−0.00210 (−1.39)
L. taxrate	0.00405 (0.52)	0.00370 (0.48)	0.00366 (0.47)	0.00382 (0.50)	0.00360 (0.47)	0.00362 (0.47)
L. liquid	0.00142 (0.57)	0.00137 (0.56)	0.00136 (0.55)	0.00140 (0.57)	0.00135 (0.55)	0.00134 (0.54)
L. exit	−0.0783*** (−4.05)	−0.0783*** (−4.05)	−0.0782*** (−4.04)	−0.0789*** (−4.05)	−0.0778*** (−4.00)	−0.0783*** (−4.04)
_cons	0.339*** (17.84)	0.340*** (17.57)	0.339*** (15.88)	0.340*** (18.02)	0.341*** (17.85)	0.339*** (17.95)
Hausman Prob > Chi	0.0004	0.0003	0.0003	0.0004	0.0003	0.0007
N	18712	18712	18712	18712	18712	18712

注：括号内为 t 值，* 表示 $p < 0.1$，** 表示 $p < 0.05$，*** 表示 $p < 0.01$。

　　总之，通过不同的实证研究方法的稳健性研究表明，产品市场竞争对公司债务融资率的影响并不因为估计方法不同而发生显著的改变。这进一步说明本章的核心结论是稳健的。

4.6　本章小结

　　本章从我国行业集中结构、企业的市场势力两个维度关注了产品市场竞争是否显著影响上市公司的债务融资率。即集中的市场结构和显著的市场势力是否有助于企业在债务市场获取更多的资金，从而提高的债务融资率。本章利用企业的资产负债比率度量企业从资金市场上获取债务的能力即企业的债务融资率；利用行业集中度（CR4）、赫芬达尔—赫希曼指数（HHI）以及 HHI 的虚拟变量（HHIQ）度量行业整体竞争状况；利用勒纳指数或价格边际成本（pcm）、超额价格边际成本（epcm）以及自然边界（nh）度量企业在行业内部的市场势力，并采用 GMM 等实证方法检验了产品市场竞争对企业债务融资率的影响。

研究结果表明，产品市场竞争程度与上市公司资产负债率显著负相关：相对集中的行业结构（体现为更高的行业集中度和更高的赫芬达尔—赫希曼指数）和显著的市场势力（体现为更高的勒纳指数或价格边际成本、更高超额价格边际成本以及更高的自然边界）能够帮助企业从债权人那里获得更多资金，从而企业的债务融资率更高。其原因在于债权人对此类企业发放债务面临更低的违约风险和更高的回收率，因此其资金安全更有保障。相反，如果企业所处行业竞争激烈和自身在产品市场竞争中处于不利地位，这时债权人为了减少资金的风险，会减少债务的发放从而控制风险。从而，处于竞争激烈行业的企业和在产品市场竞争中处于劣势的企业只能够获得较少的负债资金，从而体现为较低的债务融资率。通过不同控制变量和不同估计方法的稳健性检验，更加证实了产品市场竞争对于企业资产负债率的影响。

本章的结论对于银行等债权人的贷款决策和企业的债务决策以及资本结构安排都有重要的参考价值。本章的一个重要启示是，对于债权人来讲，产品市场竞争激烈行业的企业和对于在行业竞争中处于劣势的企业应该限制贷款的发放，这样方便进行风险控制。对于企业而言，要根据自己所处行业的竞争情况和自身在产品市场上的竞争地位来合理确定自身的资本结构和债务水平，有效防止财务风险。本章的结论不仅对于研究资本结构的相关研究是一个重要的补充，同时也丰富了产品市场竞争与公司金融的相关文献。

第 5 章

产品市场竞争对公司债务
融资期限的影响

　　企业不是孤立地在市场中生存，而是在为争夺客户和市场份额而相互竞争。毫无疑问，企业所处的竞争环境会对企业的投融资决策产生深刻的影响。第 4 章对产品市场竞争与企业债务融资率进行了全面的分析。同时，企业的债务融资期限是企业债务融资结构的重要内容，其不仅通过影响企业信贷量和流动性作用于企业的投资行为，还关系到债权人的经济收益和风险管理。因此，研究债务融资期限的影响因素，对提高企业价值和资源配置效率以及对银行进行风险管理都具有一定的理论和现实意义。本章试图通过对产品市场竞争和债务融资期限的理论思考和实证分析，为公司的债务期限管理和银行等债权人贷款期限管理提供有益的探索。

5.1　理论分析与研究假设

　　产品市场竞争是如何影响企业的债务融资期限的呢？简而言之，产品市场竞争会影响到债权人资金的安全，而债权人资金安全和受保护程度会影响到其为企业提供的债务期限长短。大量的文献发现，影响债权人资金安全和债权人受保护程度的因素——一国的产权保护制度、法律完善程度、破产法执行力度、大股东的掠夺能力、债务契约的保护力度——都会影响到企业的债务融资期限（Demirgüç–Kunt and Maksimovic，1999；Billett，2007；肖作平和廖理，2007；Fan et al.，2012）。同样，产品市场竞争也会影响到债权人提供给企业资金的安全程度。具体而言，激烈的产品市场竞争会降低债权人资金的安全性和保障力度。其作用机制在于产品市场竞争加剧会增加借款企业的违约的可能性和降低抵押品价值，从而增加债权人放贷资金的违约概率和回收损失率。这时债权人为了提高资金的安全度，一个重要手段就是缩短处在竞争激烈行业企业的债务期限，从而增强对资金的控制力度。当资金面临违约威胁或者其他不利影响时，短期债务能够帮助债权人更容易回收投入资金或者及时减少资金损失。

　　具体而言，债务融资期限的形成是债务人和债权人博弈的结果。债务人作为债务的需求方选择对自己最优的债务融资期限，同时，债权人作为债务

的供给方也会选择供给对自己最优的债务期限，企业最终形成的债务融资期限是两者博弈形成的均衡。从债务人角度来看，企业为了实现自身价值最大化，通过债务期限的选择可以实现税盾效应、债务期限和资产期限的匹配、向市场传导信号和解决股东和经理层的委托代理问题。从债权人的角度来看，债务融资期限选择成为债权人保证自身资金安全的手段，比如短期债务更容易被债权人自身控制（陶晓慧，2009）。因此，大量的文献从影响债权人资金安全的角度来探讨债务融资期限的影响因素，如从一国或地区的腐败程度、企业破产执行力度、债务契约的保护力度等视角来分析企业债务融资期限的形成。

债务融资期限的相关理论主要包括税收假说、期限匹配假说、信息不对称假说和代理成本假说。从债务人角度来看，企业为了实现自身价值最大化，通过债务期限的选择可以实现税盾效应、债务期限和资产期限的匹配、向市场传导信号和解决委托代理问题带来的投资不足和投资过度的问题。从债权人的角度来看，债务融资期限选择成为债权人保证自身资金安全，解决与企业利益冲突的重要手段。因此，后文就从企业实现价值最大化以及债权人保障自身资金安全的角度对影响债务融资期限的因素进行梳理。

债务期限的选择是企业实现公司价值最大化的重要手段。因为，债务期限选择可以：（1）充分利用税盾效应。在利率期限结构向上（Brick and ravid，1985）、利率不确定程度较高（Brick and ravid，1991；Kim et al.，1995）、企业的边际税率较高（Scholes et al.，1991）的条件下，企业通过发行更多的长期债务有助于实现更高的税盾效应。（2）实现期限的有效匹配，降低企业风险。因为，如果债务期限短于资产期限，当债务到期时也许没有充足的现金来偿还债务，企业面临再融资的流动性风险；如果债务期限长于资产期限，当资产产生的现金流已经停止而债务支付却仍然继续时，企业面临偿债危机，所以债务期限的选择有助于实现期限的匹配（Morris，1976；Myers，1977；Hart and Moore，1989）。（3）向市场传递信号，减少信息不对称带来的损失。由于在信息不对称条件下，债权人无法识别好公司和差公司，从而导致好公司价值被低估，差公司价值被高估。因此，发行短期债务成为好公司传递公司质量的重要信号。如果差公司难以模仿好公司，从而债务市场呈现分离均衡，减少信息不对称给好公司带来的价值损失（Flannery，1986；Kale and Noe，1990）。（4）解决企业投资不足和投资过度等代理问题。在企业拥有较高增长机会时，可能面临投资不足的问题，企业通过发行更多的短期债务，利用再谈判机制能有效解决投资不足问题（Myers，1977）。当企业拥有充足的现金流时，管理层更容易将自由现金投资于净现值为负的项目，从而面临投资过度的问题，企业通过发行短期负债能够有效抑制管理层的过度投资行为（Jensen，1986）。

前面的理论假说都是从企业最大化股东价值的角度来分析债务融资期限；也有大量的文献从债权人面临的风险和资金安全的角度来分析债务融资期限。债权人面临的风险包括债务违约率和损失率两个方面（Crouhy et al.，2000）。如果债权人预期违约风险和违约后损失率越高，其资金安全性越差，风险越大。通过向企业提供更短期限的债务合约是债权人保障自身资金安全的重要手段。因此，如果债权人面临风险越小，投放的资金越安全，企业获得的债务期限越长（Scherr and Hulburt，2001）。基于债权人面临的风险和资金安全影响企业债务融资期限的理论机制，大量实证研究从制度因素、企业特征及债务契约特征等角度来挖掘影响企业债务融资期限的因素。目前的研究发现，企业所在国家或地区如果法律体系越健全（Fan et al.，2012）、破产法执行力度越大（Davydenko et al.，2008）、腐败程度较小（Demirgüç – Kunt and Maksimovic，1999）、政府的隐性担保或政治联系较强（孙铮等，2005；朱家谊，2010；李健和陈传明，2013），债权人资金安全就越有保障，从而其债务期限普遍较长。同时，如果企业的公司治理结构较好（谢军，2008）、股东掠夺债权人可能性较小（肖作平，2011）或者债务契约保护力度较强（Billett et al.，2007），债权人资金安全程度就越高，这样的企业获得的债务期限更长。

同时，通过文献梳理注意到大量的文献就产品市场竞争与企业资本结构（Showalter，1995；朱武祥等，2002；刘志彪等，2003）、现金流持有

水平（Haushalter et al.，2007；韩忠雪和周婷婷，2011）、股票特质性风险（吴昊旻等，2012）之间的关系展开了深入的探讨，然而关于产品市场竞争与企业债务融资期限之间的关系仍然缺乏研究。因此，本章试图填补这一空白。

企业所面临的产品市场竞争程度，是指一个行业内企业面临的竞争对手的积聚程度和竞争状况。一般从行业的聚散结构以及行业的策略互动情况和行业内企业的市场势力等维度来考察一个企业所面临的产品市场竞争程度。如果一个企业所处行业企业数量较少且集中度较高、企业间的策略互动较弱，以及自身在行业中拥有较高的市场份额和在产品定价中有一定的优势地位，那么就认为该企业面临的产品市场竞争较为缓和；相反，如果一个企业所处行业企业数量较多并且市场份额较为分散、企业间策略互动强，以及自身在行业内竞争中没有定价权和相应的市场势力，那么就认为该企业面临激烈的产品市场竞争。

企业所面临的产品市场竞争程度从两个维度：违约风险和违约损失率，影响着债权人资金安全并作用于企业债务融资期限。

如果企业所处行业产品市场竞争更加激烈，会导致企业面临的违约风险上升。一方面，竞争对手可能的掠夺行为会导致企业的营业收入、现金流水平以及利润都会受到负面冲击，从而降低企业抗击风险的能力，从而提高企业的违约风险（Tirole，2010；张合金等，2014）。另一方面，违约风险可能来自负面的外部冲击。当企业面临激烈的产品市场竞争时意味着企业缺乏与上游供货商和下游客户的谈判力，因此，当面临负面外部冲击时企业难以将其转嫁给供货商或客户，从而提高企业的违约风险（Irvine and Pontiff，2009；Peress，2010）。该机理同产品市场竞争程度影响企业现金流持有量（Haushalter et al.，2007；韩忠雪和周婷婷，2011）、股票异质性风险（吴昊旻等，2012）的机制是一致的。

企业所面临的产品市场竞争加剧会降低债权人可处置的抵押品价值，提高债务违约损失率（Molina and Phillips，2011）。抵押品的一个重要功能是在债务违约后减少债权人的损失，帮助债权人收回本金，提高债权人本金的

101

安全性。然而产品市场竞争会对抵押资产的流动性和价值产生影响，具体而言，在产品市场竞争更加激烈的环境中企业抵押资产的流动性相对较差，债权人处置抵押资产时，可能会面临较高的折价率（Pulvino，1998；张合金等，2014）。通常而言企业的行业竞争越激烈，企业通常会更偏好持有流动性更高的资产尤其是现金资产，从而保证自身在行业竞争中的安全性。在产品市场竞争激烈的环境下，该行业内的企业对抵押资产的需求量非常小，从而债权人处置抵押物是要进行大幅的折价。在行业内对清算资产或重置资产的需求不足的情况下，如果需求方是行业外的企业，那么清算资产的价值同样会大幅折价。因为行业外的企业其购买债权人处置的抵押资产的激励更加不足。通常而言企业的行业竞争越激烈，企业通常会更偏好持有流动性更高的资产尤其是现金资产，从而保证自身在行业竞争中的安全性。

债权人保障自身债务安全的一个重要手段就是更多地对企业发放短期债务。短期债务的功能体现在短期债务可以通过债务人更高频率的现金流回吐从而更好地保障债权人自身资金的安全。短期债务同时可以减少债权人和债务人之间的信息不对称，从而保护债权人自身资金安全。短期债务迫使企业经营者或者管理者定期为债权人提供新信息，帮助债权人评价企业可能面临的风险，短期债务债权人可以基于企业提供的信息对企业债务重新定价，从而有效地防范债务再定价风险。因此，企业面临的产品市场竞争越激烈，债权人资金安全性越低，则债权人更多发放短期债务而非长期债务。这与目前的研究发现企业所在国家或地区如果法律体系越差（Fan et al.，2012）、破产法执行力度越小（Davydenko et al.，2008）、腐败程度越高（Demirgüç – Kunt and Maksimovic，1999）或者企业债务不存在政府的隐性担保或政治联系等替代性保护债权人的制度安排时（孙铮等，2005；朱家谊，2010；李健和陈传明，2013），债权人资金安全缺乏保障，从而其债务期限较短的作用机制是一样的。

基于上述分析，本章提出以下研究假设：

如果行业竞争相对缓和，处于该行业内企业的债务融资期限较长；如果

行业竞争相对激烈，处于该行业内的企业的债务融资期限相对较短。不同企业在行业内部的竞争地位不同，也会导致其债务融资期限呈现差异。在行业内部处于有利竞争地位的企业，其更容易获取长期债务资金，从而企业的债务融资期限更长；而在行业内部处于相对不利竞争地位的企业，其更难获取长期债务资金，从而企业的债务融资期限更短。

5.2　样本选择与数据来源

本章核心研究数据与上一章一致，是基于 A 股上市公司 2001～2014 年样本，数据主要来源是国泰君安 CSMAR 数据库、同时参考 Wind 的数据库和同花顺 iFinD 数据库。本章涉及产品市场竞争的分析，主要是按照行业分类进行计算的，基于证监会行业分类指引（2012 修订版）对行业进行分类。同时对行业处理进行如下处理：（1）将制造业细分成 10 个子行业，这是因为制造业集中了大量的上市公司，为了方便研究需要对其进行细分；（2）剔除金融保险业，这是因为金融行业受到国家显性或者隐性的担保，以及政府管制对金融行业的资本充足率的规定，直接影响到这类企业的资产负债率；（3）剔除样本量较少的家具制造业。

5.3　变量选择及定义

5.3.1　被解释变量：债务融资期限

被解释变量为债务融资期限（Debtst）。文献中对企业债务融资期限的度量方法有很多：第一种度量债务融资期限的方法是使用超过一定期限（如 3 年或者 5 年）的债务占总债务的比重作为代理变量（Barclay and Smith，1995），这种方法的好处是相对方便和简单，其缺陷是无法较为精确地测度债务期限。第二种度量债务融资期限的方法是将企业各种债务工具的期限进行加权平均获得。这种计算债务期限的方法类似于计算债券的久期能够较好地计算出实际债务期限数值，其弊端在于数据的获取较为困难（Stohs and Mauer，1996）。第三种度量债务融资期限的方法是使用新发行的债券等债务工具作为债务融资期限的代理变量。该类计量的债务融资期限无法全面地反映企业现存的债务融资期限，而更多地反映新增债务的期限水平。这类方法计量的债务融资期限更多的用途是用于检验信号模型等状态变量对债务融资期限的影响。这类方法的缺陷在于样本空间有限，其样本更多的是公开发行债券或者公告贷款的公司。借鉴国内现有研究（肖作平和廖理，2008；李健和陈传明，2013），综合考虑我国数据的可得性和准确性，本章采用长期债务占总负债比重（cdebt）和长期银行借款占总负债比重（longdebt）衡量债务期限水平。

5.3.2 解释变量：产品市场竞争（PMC）

本章采用的产品市场竞争（PMC）与上一章是完全一致的，具体包括：行业集中度（CR4）、赫芬达尔—赫希曼指数（HHI）、自然边界（nh）、勒纳指数或价格边际成本（pcm）、超额价格边际成本（epcm）。各个指标的计算方法在上一章有详细的论述，本章只进行简要的介绍。

根据前面的理论分析，本章预期：竞争的虚拟变量（HHIQ）与企业债务融资期限负相关；行业集中度（CR4）与企业债务融资期限正相关；赫芬达尔—赫希曼指数（HHI）与企业债务融资期限正相关；公司经营相似程度即自然边界（nh）与企业债务融资期限正相关；勒纳指数或价格边际成本（pcm）与企业债务融资期限正相关；超额价格边际成本（epcm）与企业债务融资期限正相关。

5.3.3 控制变量

控制变量（control）。根据前人的研究（戚拥军，2009；李春红和孙荣，2009；胡援成和刘明艳，2011；涂瑞和邓娜，2013；方媛，2013），本章控制了如下变量（见表5-1）：

表 5 - 1　　　　　　　　　　变量代码名称以及计算方法

变量	变量名	计算方法	预期符号
cdebt	长期负债占比	长期负债比总负债额，2007 年后使用非流动负债合计比总负债额	
longdebt	长期借款占比	公司向银行或其他金融机构借入的期限在一年期以上（不含一年）的各项借款比总负债额	
HHI	赫芬达尔指数	利用行业内市场份额平方和加总	+
HHIQ	HHI 虚拟变量	将 HHI 指数低于下四分位数的令为 1，将 HHI 大于下四分位数的令为 0，同瓦尔塔（Valta，2012）的方法一致	-
CR4	行业集中度	行业内前 4 名企业的市场份额之和	+
pcm	勒纳指数	折旧及息税前利润/销售额	+
epcm	超额价格 - 成本边际	等权的 EPCM = 公司 PCM - 行业的 PCM 均值	+
nh	自然边界	$$NH_{i,j,t} = \frac{\left\| \left(\frac{k}{l}\right)_{i,j,t} - median_{i,j,k}\left(\frac{k}{l}\right) \right\|}{range\left\{ \left\| \left(\frac{k}{l}\right)_{i,j,t} - median_{i,j,k}\left(\frac{k}{l}\right) \forall i \in j,\ t \right\| \right\}}$$ 其中 i 表示企业，j 表示所属行业，t 表示所属年份	+
lnasset	规模	总资产的自然对数	+
sizesquare	规模平方	总资产自然对数的平方	-
Lev	财务杠杆	总负债比总资产	?
taxrate	实际税率	所得税费用比税前会计利润来衡量	?
tasset	资产期限	固定资产比总资产	+
fcf	自由现金流	经营活动现金流除以资产的市场价值	-
growth	成长性	主营业务增长率	-
ROA	盈利能力	净利润/资产总额	?
liquid	资产流动性	流动资产对流动负债的比率	?
age	企业年龄	样本年份减去企业成立年份	?

（1）资产规模。使用公司总资产的自然对数（lnasset）和公司总资产自然对数的平方项（sizesquare）来测量。根据戴蒙德（1991）的研究，企业规模作为企业风险的代理变量，风险最高的企业其能够承担较高的发行成

本，从而拥有较高的短期债务，而风险最低的企业被排除在长期债务市场之外，从而拥有较高的短期债务，只有风险始终的企业能够获取长期债务。因此，预期债务融资期限与资产规模（lnasset）呈现正相关，而与资产规模的平方（sizesquare）呈现负相关关系。

（2）财务杠杆。使用资产负债率（Lev）来进行测量。关于财务杠杆和债务融资期限的关系，一种研究认为财务杠杆与债务融资期限正相关（Leland and Toft，1996）；一种研究认为财务杠杆与债务融资期限负相关，因为在公司债务税盾效应一定的情况下，财务杠杆和债务融资期限具有替代效应，因此二者负相关。因此，本章对财务杠杆和债务融资期限的预期符号不确定。

（3）实际税率（taxrate）。使用所得税费用比税前会计利润来衡量。根据税收收益理论，当预期债务税收优势削弱时企业会增加长期债务配置，更大程度享受债务带来的好处，从而债务融资期限与实际税率正相关；反之，反然。当企业预期债务收益率期限结构是向上时，企业应该选择长期债务以获得相应更多的税盾效应，从而债务融资期限与实际税率正相关；反之，反然。然而，对于债务未来的优势和企业债务收益率的债务融资期限是不确定的，因此，实际税率（taxrate）与债务融资期限的符号方向也无法确定。

（4）资产期限（tasset）。使用固定资产比总资产来衡量。根据债务期限资产匹配假说，资产期限越长，则企业需要匹配的债务融资期限越长；根据流动性风险假说，企业资产期限越长，则企业长期偿债能力越强，企业风险越小，则企业债务融资期限越长。总之，根据理论分析显示，企业债务融资期限与资产期限呈现正相关关系。因此，本章预期企业资产期限与企业债务融资期限正相关。

（5）自由现金流量（fcf）。用经营活动现金流除以总资产和市账比（Miguel and Pindado，2001）。根据前文的分析，公司自由现金流水平越高，则管理人越可能进行卸责或者利用自由现金流构建企业帝国，管理人可能将自己投资于 NPV 为负的项目。为了预防管理人的代理问题，公司会更多地借入短期负债，通过短期债务来约束管理人。因此，本章预期自由现金流与

企业债务融资期限呈现负相关关系。

（6）成长性（growth）。使用公司的主营业务收入增长率作为成长性的代理变量，代表企业的成长机会和投资机会。根据代理成本理论，短期债务作为一种公司治理手段，能够有效地缓解股东和债权人之间的代理问题。成长机会和投资机会越多的企业其股东和债权人之间的代理问题越严重，因此，需要更多的短期债务来缓解代理问题。从而，本章预期成长机会（growth）与企业债务融资期限负相关。同时，控制了（7）盈利能力（ROA），使用资产收益率进行测量。（8）资产流动性（liquid）。选用流动比率度量企业资产流动性。（9）企业年龄（age）。采用样本年份减去企业成立年份来度量。

5.4　实证模型

为了验证本章的假设，即产品市场竞争程度与企业债务融资期限的关系，参考李健和陈传明（2013）的研究设定如下回归模型：

$$\text{Debtst}_{i,t} = \alpha + \beta_1 \times \text{competition}_{i,t-1} + \gamma \times \text{Control}_{i,t-1} + \varepsilon_{i,t}$$

其中，$\text{Debtst}_{i,t}$ 代表被解释变量，企业债务融资期限；$\text{competition}_{i,t-1}$ 代表解释变量产品市场竞争程度；$\text{Control}_{i,t-1}$ 代表其他影响债务融资期限的控制变量，$\varepsilon_{i,t}$ 代表随机扰动项。注意，为了控制可能存在的内生性问题，所有解释变量都滞后一期，这是因为如果都采用当期的财务数据和行业竞争情况进行分析，将面临两个问题：（1）发放债务的债权人和借款的企业多是基于上一期的财务情况和行业竞争程度进行借贷决策的；（2）解释变量中的财务杠杆和被解释变量中的债务融资期限可能同时被决定。因此我们借鉴范等（2012）的处理方法，将所有解释变量滞后一期来缓解可能的内生性问题。同时因为不同企业在规模上呈现巨大差异和同一企业可能在财务决策上有时间序列相关性，采用比利特等（Billett et al.，2007）和范等（2012）的方法，采用广义矩估计（GMM）来进行估计。

5.5　实证结果及分析

5.5.1　单变量分析

　　表5-2是基于长期借款比总负债数据度量的企业债务融资期限与行业集中度和公司市场势力关联的单变量检验。将样本按照产品市场竞争程度的度量指标按升序排列分成四组，对于每个四分位范围内报告了对应的企业债务融资期限。基于本章的预期企业债务融资期限和产品市场集中度（HHI和CR4）和企业市场势力（pcm、epcm、nh）正相关。从表5-2可见，除了基于自然边界度量的产品市场竞争程度与企业债务融资期限的均值关联未支持预期外，其他指标度量的产品市场竞争程度越高，企业使用长期借款的比例就越低。这些结果意味着产品市场竞争和企业的市场势力对其企业债务融资期限的形成有显著的影响。值得注意的是以勒纳指数衡量的产品市场竞争程度，最高分位数企业使用的长期借款比例比最低分位数企业长期借款比例高接近10%，这在经济意义和统计意义上都是显著的。

表5-2　　　　　　产品市场竞争与企业债务融资期限的单变量检验

	HHI	CR4	pcm	epcm	nh
1（lowest）	0.0745	0.07545	0.05525	0.07471	0.0971
2	0.09143	0.08855	0.07658	0.07936	0.09464
3	0.10173	0.11182	0.1077	0.10282	0.09259
4（highest）	0.11702	0.10872	0.14772	0.1297	0.10192
Difference：1—4（t-test）	-10.5377***	-8.1622***	-24.021***	-13.56***	-1.1913

5.5.2　回归分析

　　表5-3展示了长期借款占比为被解释变量的广义矩估计（GMM）结

果。估计系数联合显著性瓦尔德（wald）检验高度显著，因此整体模型的设计是合理的。同时，本章进行了 Sargan 检验和残差序列相关性检验。Sargan 检验用于检验解释变量是否与随机干扰项相关，目的是检验解释变量是否是外生的及其使用是否合理。残差序列相关性检验用于检验工具变量与不可观测因素之间的相关性程度。一个良好的工具变量包括两个特征：一个是与关键自变量（如本书的资本约束变量）高度相关，而与不可观测因素不相关。从表 5 - 3 中可以观察到模型通过了 Sargan 检验和残差序列相关检验。

表 5 - 3 　　　　　　　　产品市场竞争与长期借款占比回归分析

变量	(1) longdebt	(2) longdebt	(3) longdebt	(4) longdebt	(5) longdebt	(6) longdebt
L. HHI	0.0682 * (1.75)					
L. HHIQ		− 0.143 *** (− 3.61)				
L. CR4			0.0409 *** (2.64)			
L. pcm				0.918 *** (8.91)		
L. epcm					0.216 ** (2.05)	
L. nh						0.0575 *** (4.27)
L. lnasset	0.0189 * (1.85)	0.0187 * (1.85)	0.0193 * (1.90)	0.0336 ** (2.46)	0.0192 * (1.92)	0.0158 (1.57)
L. sizesquare	0.00220 (1.37)	0.00218 (1.37)	0.00209 (1.31)	− 0.000878 (− 0.37)	0.00229 (1.45)	0.00243 (1.53)
L. Lev	0.103 *** (6.06)	0.103 *** (6.09)	0.104 *** (6.10)	0.166 *** (4.46)	0.108 *** (6.36)	0.117 *** (6.87)
L. taxrate	0.00383 (0.38)	0.00150 (0.15)	0.00368 (0.36)	− 0.0255 (− 1.41)	0.000128 (0.01)	0.00130 (0.13)

续表

变量	(1) longdebt	(2) longdebt	(3) longdebt	(4) longdebt	(5) longdebt	(6) longdebt
L. tasset	0.192 *** (11.26)	0.189 *** (11.16)	0.191 *** (11.24)	0.0626 (0.97)	0.172 *** (10.23)	0.198 *** (11.63)
L. fcf	− 0.0444 * (− 1.74)	− 0.0444 * (− 1.75)	− 0.0437 * (− 1.71)	0.0395 (0.78)	− 0.0387 (− 1.54)	− 0.0404 (− 1.60)
L. growth	0.00162 (0.47)	0.000983 (0.28)	0.00155 (0.45)	0.0260 ** (2.08)	0.00818 ** (2.28)	0.00138 (0.40)
L. ROA	0.112 *** (3.87)	0.117 *** (4.06)	0.113 *** (3.88)	− 1.113 * (− 1.86)	− 0.153 *** (− 3.80)	0.121 *** (4.22)
L. liquid	0.00246 ** (2.40)	0.00233 ** (2.29)	0.00244 ** (2.38)	− 0.0000522 (− 0.03)	0.00187 * (1.79)	0.00222 ** (2.16)
L. age	− 0.000186 (− 0.33)	− 0.000338 (− 0.61)	− 0.000172 (− 0.31)	− 0.00174 * (− 1.82)	− 0.000296 (− 0.55)	− 0.000270 (− 0.48)
_cons	− 0.0993 *** (− 5.05)	− 0.0880 *** (− 4.53)	− 0.110 *** (− 5.45)	− 0.147 *** (− 4.36)	− 0.0751 *** (− 3.91)	− 0.0987 *** (− 5.12)
AR(2)	0.2108	0.1119	0.1819	0.1277	0.1365	0.2455
SARGAN	1.000	1.000	1.000	1.000	1.000	1.000
Wald chi2	460.03 ***	471.49 ***	461.48 ***	385.50 ***	509.50 ***	477.17 ***
N	17344	17344	17344	17344	17344	17344

注：括号内为 t 值，* 表示 $p < 0.1$，** 表示 $p < 0.05$，*** 表示 $p < 0.01$。

从表 5 - 3 可见，当企业所处的行业集中度较高时（即模型（1）和模型（3）HHI 或 CR4 较高时的情形），企业获得的长期银行借款的比例更高，企业的债务融资期限更长；相反，当企业处在产品市场竞争程度激烈的环境中（即模型（2）HHIQ 等于 1 的情况）企业获得的长期银行借款的比率更少，这意味着企业的债务融资期限更短。同时，从行业内部的竞争来看，当前企业在行业中具有显著的市场优势时（即模型（4）、模型（5）和模型（6）pcm、epcm 和 nh 较高时）企业能够从银行那里获得更多的长期借款；相反，那些在行业竞争中处于劣势的企业，银行更愿意为其提供短期借款，

从而其债务融资期限更短。

具体来看，如果一个较另一行业的行业市场集中度（CR4）提高 1%，处在该行业的企业长期借款比重提高 0.041%，并且在 1% 的置信水平上显著。如果一个较另一行业的赫芬达尔—赫希曼指数（HHI）提高 1%，该行业的企业长期借款比重提高 0.0682%，并且在 10% 的置信水平上显著。而如果一个企业处于竞争性行业，相对于其处于垄断性行业，该行业的企业长期借款比重降低 0.143%，并且在 1% 的置信水平上显著。如果一个企业的勒纳指数提高 1%，该企业长期借款比重提高 0.918%，并且在 1% 的置信水平上显著。而如果一个企业的超额价格 - 成本边际（epcm）上升 1%，则企业长期借款比重提高 0.216%，并在 5% 的置信水平上显著。如果一个企业的自然边界提高 1%，则企业长期借款比重提高 0.0575%，并在 1% 的置信水平上显著。

实证分析从行业市场结构和行业内部竞争优势两个不同维度考察了产品市场竞争对企业债务期限选择的影响。实证分析结果验证了前文的假设：企业所面临的产品市场竞争越激烈，企业的债务融资期限越短；企业所面临的产品市场竞争越缓和，企业的债务融资期限越长。即处在行业集中度高的企业和拥有显著市场优势的企业长期债务比例较高；处在行业分散度高的企业和在产品市场上缺乏市场优势的企业长期债务比例偏低。

从资产规模来看，资产规模（lnasset）越大的企业能获得更高比例的长期借款，然而在我国并没有出现戴蒙德（1991）预测的情形：由于大企业信用等级高流动风险小从而更偏好选择短期债务；而小企业信用等级低，从而被逐出长期债务市场只能选择短期债务；只有中等规模的企业选择长期债务，这样就导致债务期限和资产规模呈现倒 "U" 型关系。之所以出现于戴蒙德（1991）理论预期不一致的原因在于戴蒙德（1991）假设高信用等级的公司为了避免劣质公司模仿而可以选择发行高成本的短期负债。然而，与西方国家企业通过公开发行债务不同，在中国的金融体系下更多的债务融资来源是银行，银行自身有很强的信息甄别能力，因此企业没有激励去发行高成本的短期负债来规避劣质公司的模仿。

从财务杠杆来看，与约翰逊（2003）的结论一致，债务融资期限与财务杠杆（Lev）显著正相关。从所得税率的影响来看，税盾效应会提高企业债务期限的比例但是不显著，从而不支持税收理论假说。从资产期限（tasset）来看，与期限匹配假说高度一致，即企业会匹配其资产和债务期限。但是，本章使用的是固定资产比总资产作为资产期限结构的代理变量。因此，另外一种可能的解释是拥有较高抵押品（即较高固定资产比重）的企业更可能从银行获得长期借款。这是因为在破产时较高的抵押资产能降低债权人的损失率；同时，固定资产资产能够有效地防范道德风险，即可以较好地防范债务人的资产替代问题（Fama，1990）。

从自由现金流（fcf）的符号来看，整体上与詹森（1986）的分析一致和预期结果一致，即自由现金流水平高的企业管理层可能滥用公司的资金用于企业帝国的扩张，从而可能损害债权人和股权人的利益。而公司持有更多的短期债务能够较好地让管理层定期吐出其可能用于构建企业帝国和用于在职消费的资金，从而缓解自由现金流伴生的代理成本问题。

而从增长率（growth）的符号来看，我国上市公司与迈尔斯（1977）的假说——具有较高增长机会的企业通过发行短期债务来减少投资不足问题——不一致。一种可能是上市公司没有使用债务融资期限作为解决投资不足问题的方法；另外一种可能是主营业务增长率不是投资机会的代理变量。总之，从前面的控制变量的来看，本章的实证结果支持期限匹配假说、部分支持代理成本假说、不支持税收假说。

5.5.3　稳健性检验

5.5.3.1　债务融资期限稳健性检验

前面是使用长期借款占总负债的比重衡量公司债务融资期限，这是因为长期借款体现的是企业与银行或其他金融结构纯粹的借贷关系，有利于减少实证研究中的噪声更与理论分析相一致。这里，本节使用长期债务占总负债的比重作为公司债务融资期限的替代变量。长期负债包括长期借款、公司债券、长期应付款、专项应付款和其他长期负债项目。

通过观察回归结果（见表 5 - 4），发现相对于长期借款占比度量的公司债务融资期限而言，使用长期负债占比度量的债务融资期限与产品市场竞争的关系在统计上的显著性没有发生变化，不同的是系数的绝对规模发生了变化。这说明改变公司债务融资期限的度量方式并不改变关键解释变量的结果：企业所面临的产品市场竞争越激烈，企业的债务融资期限越短；企业所面临的产品市场竞争越缓和，企业的债务融资期限越长。即处在行业集中度高的企业和拥有显著市场优势的企业长期债务比例较高；处在行业分散度高的企业和在产品市场上缺乏市场优势的企业长期债务比例偏低。同时，部分控制变量的符号和显著性会呈现差异。

表 5 - 4　　　　　　　　产品市场竞争与长期负债占比回归分析

变量	(1) cdebt	(2) cdebt	(3) cdebt	(4) cdebt	(5) cdebt	(6) cdebt
L. HHI	0. 145 *** (3. 68)					
L. HHIQ		- 0. 0230 *** (- 5. 08)				
L. CR4			0. 0749 *** (4. 50)			
L. pcm				1. 929 *** (10. 25)		
L. epcm					0. 260 ** (2. 57)	
L. nh						0. 0587 *** (4. 11)
L. lnasset	0. 0104 *** (3. 16)	0. 00988 *** (3. 19)	0. 0110 *** (3. 09)	0. 0414 *** (- 3. 25)	0. 0105 *** (3. 31)	0. 00678 *** (3. 39)
L. sizesquare	0. 00553 (0. 92)	0. 00557 (0. 88)	0. 00536 (0. 98)	- 0. 000950 (1. 90)	0. 00572 (0. 95)	0. 00589 (0. 61)
L. Lev	0. 0501 *** (2. 60)	0. 0504 *** (2. 63)	0. 0513 *** (2. 66)	0. 185 *** (3. 07)	0. 0545 *** (2. 88)	0. 0637 *** (3. 30)

续表

变量	(1) cdebt	(2) cdebt	(3) cdebt	(4) cdebt	(5) cdebt	(6) cdebt
L. taxrate	-0.00941 (-0.85)	-0.0133 (-1.20)	-0.00974 (-0.88)	-0.0717 ** (-2.44)	-0.0145 (-1.31)	-0.0123 (-1.12)
L. tasset	0.220 *** (12.00)	0.215 *** (11.81)	0.218 *** (11.95)	-0.0521 (-0.49)	0.195 *** (10.80)	0.226 *** (12.32)
L. fcf	-0.0676 ** (-2.42)	-0.0667 ** (-2.39)	-0.0658 ** (-2.36)	0.111 (1.38)	-0.0586 ** (-2.12)	-0.0617 ** (-2.22)
L. growth	-0.00400 (-1.05)	-0.00500 (-1.31)	-0.00412 (-1.08)	0.0486 ** (2.30)	0.00413 (1.06)	-0.00416 (-1.08)
L. ROA	0.125 *** (3.72)	0.135 *** (4.04)	0.126 *** (3.76)	-2.456 ** (-2.45)	-0.192 *** (-4.32)	0.137 *** (4.13)
L. liquid	0.00583 *** (3.96)	0.00562 *** (3.89)	0.00579 *** (3.95)	0.000745 (0.25)	0.00508 *** (3.53)	0.00555 *** (3.83)
L. age	0.00176 *** (2.77)	0.00145 ** (2.29)	0.00174 *** (2.76)	-0.00159 (-1.01)	0.00152 ** (2.47)	0.00154 ** (2.43)
_cons	-0.0745 *** (-3.38)	-0.0532 ** (-2.43)	-0.0920 *** (-4.08)	-0.174 *** (-3.19)	-0.0396 * (-1.83)	-0.0670 *** (-3.07)
Wald chi2	496.38 ***	510.60 ***	503.02 ***	242.80 ***	584.87 ***	496.61 ***
N	17344	17344	17344	17344	17344	17344

注：括号内为 t 值，* 表示 $p < 0.1$，** 表示 $p < 0.05$，*** 表示 $p < 0.01$。

5.5.3.2　控制变量的替代变量

鉴于有研究使用托宾 Q 来度量企业的成长性（Custódio and Ferreira，2012），本节使用托宾 Q 来替代主营业务增长率作为成长性的代理变量。托宾 Q 的计算方法为企业总市值加总负债之和除以总资产。其中，这里总市值采用最接近财年末的市值，市值计算方法为股价×股数。结果发现，处在产品市场竞争激烈行业的企业和在行业竞争中处于市场劣势的企业其债务期限更短这一核心结论依然成立。除了相关控制变量与基本模型有差异外，其他控制变量在符号与显著性上与基本模型一致（见表 5 - 5），这说明我们的

结论是稳健的。一个例外发现是，托宾 Q 与债务融资期限负相关，这可能说明托宾 Q 相对于主营业务增长率是一个更好的成长性和投资机会的代理变量。

表 5－5　　　　　　　　考虑不同控制变量的稳健性检验

变量	（1）longdebt	（2）longdebt	（3）longdebt	（4）longdebt	（5）longdebt	（6）longdebt
L. HHI	0.0747 * (1.92)					
L. HHIQ		－ 0.0137 *** (－ 3.46)				
L. CR4			0.0451 *** (2.91)			
L. pcm				1.012 ** (2.17)		
L. epcm					0.202 *** (8.47)	
L. nh						0.0563 *** (4.21)
L. lnasset	0.0112 * (1.83)	0.0113 * (1.82)	0.0115 * (1.78)	0.0280 (－ 0.19)	0.0134 * (1.81)	0.00857 * (1.98)
L. sizesquare	0.00293 * (1.10)	0.00290 * (1.12)	0.00283 * (1.13)	－ 0.000483 (1.93)	0.00286 * (1.33)	0.00313 ** (0.85)
L. Lev	0.101 *** (6.02)	0.101 *** (6.04)	0.102 *** (6.06)	0.183 *** (4.19)	0.109 *** (6.49)	0.115 *** (6.81)
L. taxrate	－ 0.000542 (－ 0.05)	－ 0.00264 (－ 0.26)	－ 0.000810 (－ 0.08)	－ 0.0325 * (－ 1.74)	－ 0.00271 (－ 0.27)	－ 0.00281 (－ 0.28)
L. tasset	0.189 *** (11.15)	0.187 *** (11.06)	0.188 *** (11.13)	0.0456 (0.67)	0.171 *** (10.18)	0.196 *** (11.51)
L. fcf	－ 0.0706 *** (－ 2.76)	－ 0.0694 *** (－ 2.72)	－ 0.0705 *** (－ 2.75)	0.0257 (0.47)	－ 0.0576 ** (－ 2.27)	－ 0.0651 ** (－ 2.56)

续表

变量	(1) longdebt	(2) longdebt	(3) longdebt	(4) longdebt	(5) longdebt	(6) longdebt
L. tobinq	-0.00635 *** (-6.44)	-0.00608 *** (-6.21)	-0.00651 *** (-6.57)	-0.00583 *** (-4.34)	-0.00464 *** (-4.64)	-0.00600 *** (-6.11)
L. ROA	0.169 *** (5.64)	0.171 *** (5.72)	0.171 *** (5.69)	-1.130 * (-1.88)	-0.0801 * (-1.95)	0.174 *** (5.87)
L. liquid	0.00292 *** (2.82)	0.00277 *** (2.70)	0.00291 *** (2.81)	0.000229 (0.12)	0.00227 ** (2.17)	0.00266 ** (2.56)
L. age	0.0000896 (0.16)	-0.0000793 (-0.14)	0.000112 (0.20)	-0.00191 * (-1.73)	-0.000164 (-0.30)	-0.0000201 (-0.04)
_cons	-0.0734 *** (-3.67)	-0.0628 *** (-3.17)	-0.0844 *** (-4.14)	-0.128 *** (-3.51)	-0.0569 *** (-2.90)	-0.0735 *** (-3.74)
Wald chi2	389.27 ***	444.69 ***	518.55 ***	339.27 ***	605.23 ***	461.35 ***
N	17344	17344	17344	17344	17344	17344

注：括号内为 t 值，* 表示 $p < 0.1$，** 表示 $p < 0.05$，*** 表示 $p < 0.01$。

5.5.3.3　其他估计方法

同样，本章一个可能的挑战是，是行业的其他因素而不一定是行业的竞争程度和企业的市场优势影响着企业的债务融资期限，因此，本章借鉴肖作平和廖理（2007）的方法，通过加入行业虚拟变量来控制行业的其他因素对债务融资期限的影响并进行最小二乘估计（OLS）。结果如表 5-6，从表中可以观察与广义矩估计（GMM）结果不同的是部分系数的绝对值和显著性发生变化，然而本章结论依然是稳健的：企业所面临的产品市场竞争越激烈，企业的债务期限越短；企业所面临的产品市场竞争越缓和，企业的债务期限越长。即处在行业集中度高的企业和拥有显著市场优势的企业长期债务比例较高；处在行业分散度高的企业和在产品市场上缺乏市场优势的企业长期债务比例偏低。

表 5 - 6　　　　　　　　　基于行业虚拟变量的回归结果

变量	(1) longdebt	(2) longdebt	(3) longdebt	(4) longdebt	(5) longdebt	(6) longdebt
L. HHI	0. 150 ** (2. 26)					
L. HHIQ		- 0. 00615 * (- 1. 67)				
L. CR4			0. 0505 * (1. 73)			
L. pcm				0. 195 *** (11. 75)		
L. epcm					0. 188 *** (11. 48)	
L. nh						0. 0452 *** (5. 13)
L. lnasset	0. 0418 *** (5. 47)	0. 0420 *** (5. 50)	0. 0423 *** (5. 53)	0. 0414 *** (5. 50)	0. 0428 *** (5. 68)	0. 0396 *** (5. 20)
L. sizesquare	- 0. 00195 * (- 1. 74)	- 0. 00203 * (- 1. 82)	- 0. 00207 * (- 1. 84)	- 0. 00201 * (- 1. 82)	- 0. 00207 * (- 1. 87)	- 0. 00178 (- 1. 59)
L. Lev	0. 0864 *** (7. 07)	0. 0870 *** (7. 13)	0. 0865 *** (7. 08)	0. 0943 *** (7. 80)	0. 0914 *** (7. 57)	0. 0987 *** (7. 98)
L. taxrate	0. 000546 (0. 06)	- 0. 000307 (- 0. 04)	- 0. 0000731 (- 0. 01)	- 0. 00419 (- 0. 49)	- 0. 00287 (- 0. 34)	- 0. 000306 (- 0. 04)
L. tasset	0. 0890 *** (7. 64)	0. 0906 *** (7. 78)	0. 0898 *** (7. 70)	0. 0736 *** (6. 34)	0. 0709 *** (6. 08)	0. 0959 *** (8. 23)
L. fcf	- 0. 0332 (- 1. 35)	- 0. 0333 (- 1. 36)	- 0. 0320 (- 1. 30)	- 0. 0213 (- 0. 87)	- 0. 0326 (- 1. 34)	- 0. 0320 (- 1. 31)
L. growth	- 0. 00461 (- 1. 38)	- 0. 00493 (- 1. 48)	- 0. 00469 (- 1. 41)	0. 000593 (0. 18)	0. 000975 (0. 29)	- 0. 00508 (- 1. 53)
L. ROA	0. 122 *** (4. 72)	0. 123 *** (4. 74)	0. 121 *** (4. 68)	- 0. 138 *** (- 4. 08)	- 0. 113 *** (- 3. 44)	0. 127 *** (4. 92)

续表

变量	(1) longdebt	(2) longdebt	(3) longdebt	(4) longdebt	(5) longdebt	(6) longdebt
L. liquid	0.00133 (1.26)	0.00127 (1.21)	0.00130 (1.23)	0.000720 (0.69)	0.000905 (0.87)	0.00110 (1.05)
L. age	−0.000855 ** (−2.06)	−0.000939 ** (−2.27)	−0.000931 ** (−2.25)	−0.000921 ** (−2.26)	−0.000577 (−1.41)	−0.000815 ** (−1.98)
_cons	−0.0746 *** (−4.01)	−0.0659 *** (−3.63)	−0.0839 *** (−4.00)	−0.0873 *** (−4.87)	−0.0598 *** (−3.35)	−0.0737 *** (−4.06)
N	17344	17344	17344	17344	17344	17344

注：括号内为 t 值，* 表示 $p < 0.1$，** 表示 $p < 0.05$，*** 表示 $p < 0.01$；鉴于篇幅表中省略了行业虚拟变量。

除了采用广义矩估计（GMM）方法外还有学者如李健和陈传明（2013）采用固定效应来估计不同因素对债务融资期限的影响。通过豪斯曼检验（Hausman-test）对固定效应（fixed effects model）和随机效应模型（random effect model）进行模型选择，选择结果表明所有模型都适用于固定效应模型。具体回归结果如表 5 - 7。回归结果发现本章的主要结论依然成立：产品市场竞争越激烈，企业的债务融资期限越短；产品市场竞争越缓和，企业的债务融资期限越长。拥有显著市场优势的企业能够获得较长的债务融资期限；在产品市场上缺乏市场优势的企业债务融资期限较短。

表 5 - 7   基于固定效应的稳健性检验

变量	(1) longdebt	(2) longdebt	(3) longdebt	(4) longdebt	(5) longdebt	(6) longdebt
L. HHI	0.117 * (1.69)					
L. HHIQ		−0.00676 * (−1.66)				
L. CR4			0.0636 ** (2.05)			

续表

变量	(1) longdebt	(2) longdebt	(3) longdebt	(4) longdebt	(5) longdebt	(6) longdebt
L. pcm				0.111*** (5.30)		
L. epcm					0.0971*** (4.74)	
L. nh						0.0319*** (2.90)
L. lnasset	0.0712*** (6.82)	0.0720*** (6.90)	0.0723*** (6.92)	0.0690*** (6.61)	0.0700*** (6.71)	0.0697*** (6.67)
L. sizesquare	−0.00503*** (−3.40)	−0.00525*** (−3.55)	−0.00528*** (−3.57)	−0.00500*** (−3.39)	−0.00506*** (−3.43)	−0.00488*** (−3.31)
L. Lev	0.0523*** (3.21)	0.0527*** (3.23)	0.0527*** (3.23)	0.0526*** (3.22)	0.0506*** (3.10)	0.0615*** (3.72)
L. taxrate	0.000620 (0.07)	−0.000196 (−0.02)	−0.000308 (−0.03)	−0.00171 (−0.19)	−0.000753 (−0.08)	0.000311 (0.03)
L. tasset	−0.00737 (−0.50)	−0.00632 (−0.43)	−0.00611 (−0.42)	−0.0129 (−0.88)	−0.0133 (−0.91)	−0.00173 (−0.12)
L. fcf	−0.0400 (−1.55)	−0.0418 (−1.62)	−0.0405 (−1.57)	−0.0379 (−1.47)	−0.0375 (−1.45)	−0.0394 (−1.53)
L. growth	−0.00389 (−1.11)	−0.00396 (−1.13)	−0.00384 (−1.09)	−0.000644 (−0.18)	−0.000973 (−0.27)	−0.00430 (−1.23)
L. ROA	0.114*** (3.94)	0.114*** (3.95)	0.112*** (3.89)	−0.0391 (−0.97)	−0.0157 (−0.40)	0.117*** (4.07)
L. liquid	0.00300* (1.68)	0.00299* (1.67)	0.00303* (1.70)	0.00305* (1.71)	0.00308* (1.73)	0.00276 (1.55)
L. age	−0.00431*** (−5.27)	−0.00453*** (−5.56)	−0.00444*** (−5.46)	−0.00400*** (−4.89)	−0.00387*** (−4.70)	−0.00425*** (−5.21)
_cons	−0.0642*** (−3.02)	−0.0536*** (−2.59)	−0.0793*** (−3.36)	−0.0604*** (−2.92)	−0.0464** (−2.24)	−0.0613*** (−2.97)
Hausman Prob > Chi	0.0013	0.0021	0.0008	0.0011	0.0025	0.0011
N	17344	17344	17344	17344	17344	17344

注：括号内为 t 值，* 表示 $p < 0.1$，** 表示 $p < 0.05$，*** 表示 $p < 0.01$。

　　总之，通过不同的实证研究方法的稳健性研究表明，产品市场竞争对公司债务融资期限的影响并不因为估计方法不同而发生显著的改变，这进一步说明本章的核心结论是稳健的。

5.6　本章小结

　　本章分析了产品市场竞争对债务融资期限的影响。本章利用企业长期借款和长期负债占总负债的比重度量企业债务融资期限特征，并基于行业集中度等6个行业内外指标来测度产品市场竞争，实证分析了产品市场竞争对企业债务融资期限的影响。研究结果表明，产品市场竞争程度与上市公司债务融资期限显著负相关：企业所处行业结构较为集中和企业在行业内的势力能够帮助企业从债权人那里获得更多长期借款。其原因在于债权人对此类企业发放债务面临更低的违约风险和更高的回收率，因此其资金安全更有保障。这时债权人更愿意满足企业的长期借款需求。相反，如果企业所处行业竞争激烈和自身在产品市场竞争中处于不利地位，这时债权人为了减少资金的风险，更偏好通过提供短期债务来控制风险。这是因为短期债务能够通过债务定期回吐的方式，帮助债权人监控企业的财务状况。这意味着，处于竞争激烈行业的企业和在产品市场竞争中处于劣势的企业只能够获得更多的短期负债。同时，本章通过加入行业虚拟变量来控制行业的其他因素并进行最小二乘估计（OLS），以及采用固定效应的回归结果也证实产品市场竞争激烈程度与债务融资期限呈现负相关关系。总之，通过不同控制变量和不同估计方法的稳健性检验，更加证实了产品市场竞争对于企业债务融资期限的影响。

　　本章的结论对于银行等债权人的贷款期限安排和企业的债务融资期限决策都重要的参考价值。对于债权人来讲，管理企业贷款风险的一个重要的手段就是对贷款期限进行控制，其发放贷款期限要充分反映债权人面临的违约风险和损失率。本章的一个重要启示是，对于债权人来讲，产品市场竞争激烈行业的企业和对于在产品市场竞争中处于劣势的企业应该发放较短期限的

贷款，方便进行风险控制。对于企业而言，要根据自己所处行业的竞争情况和自身在产品市场上的竞争地位来合理确定自身的债务期限决策，有效防止财务风险和提升公司价值。本章的结论，不仅对于研究债务融资期限的相关研究是一个补充，同时，也丰富了产品市场竞争与公司金融的相关文献。

产品市场竞争对公司债务融资成本的影响

6.1　理论分析和研究假设

债务融资作为企业外源融资最重要的渠道之一，其定价有非常重要的经济意义。债务的价格，从投资者的角度来讲，反映其要求的回报率；从企业的角度来讲，反映其融资的成本高低。因此，从这个角度来看，债券收益率、银行贷款利率、信用利差、公司负债融资成本，反映的经济意义实质是一样的。负债融资成本的高低对企业的投资效率、资本结构、公司绩效等都有非常重要的影响。前文已经分析了产品市场竞争对企业债务融资率和企业债务融资期限的影响，本章尝试分析产品市场竞争对债务融资成本的影响，从而丰富产品市场竞争对债务融资影响问题的研究。

产品市场竞争影响企业债务融资成本的机制是什么？根据莫顿（Merton，1974）以及传统债务定价的思路（Valta，2012），债务融资成本主要受到违约概率和违约损失率的影响。通常而言，债务违约概率越高，则债务融资成本越高；债务违约损失率越高，则企业的债务融资成本越高。其中，债务违约率为无法偿还债务的概率；债务违约损失率为企业违约后债权人损失资金相对于本息的比重（戴国强和吴许均，2005；胡奕明和谢诗蕾，2005；隋聪和邢天才，2013）。产品市场对债务融资成本产生影响其作用机制就是通过产品市场竞争影响企业债务违约率和产品市场竞争影响债务违约损失率来影响债务融资成本。如果产品市场竞争程度增加，导致企业债务违约率和债务违约损失率上升，就会导致企业债务融资成本上升；如果产品市场竞争导致企业债务违约率和债务违约损失率下降，则会导致企业债务融资成本下降。

首先，产品市场竞争的加剧会导致企业的债务违约率上升。第一是因为产市场竞争加剧会导致企业面临竞争对手的掠夺或者在产品市场上市场份额被抢夺的可能性更大。从而产品市场竞争激烈可能会使企业的利润水平和现金流量水平下降，企业的财务风险上升，进而导致企业的债务违约率上升。通常，竞争对手企业采用的竞争手段包括低价竞争策略、广告轰炸、近位竞争等，并且拥有资金优势的对手企业会利用其资金优势来获取产品市场上的优势地位（Bolton，1990；Frésard，2010；2013）。第二是在产品市场上处于弱势地位的企业，可能无法有效捕捉现有的投资机会，从而错失产品市场竞争的机会，产品市场竞争力进一步削弱，降低企业的可保证收入和现金流水平，到期企业的风险上升，从而提高企业的债务违约率。同时，产品市场竞争处于弱势地位的企业，更容易面临被在产品市场上处于强势地位的企业兼并、收购等危险，而这种兼并收购会导致企业现有融资成本的上升（Haushalter，2007；Chava et al.，2009）。第三是如果企业处于产品市场竞争较为激烈的行业，则企业能够抵御外部宏观经济等负面冲击的能力较差。因此，一个企业所处行业竞争程度较为激烈，则其相对于下游客户或者相对其上游厂商而言其谈判力较弱，从而无法将外部负面冲击通过加价等各种方式转移给客户或者供应商。如果处在竞争较为激烈行业的企业，当面临外部冲击时由于其无法将相关成本转嫁给客户或者供应商，从而无法有效地将风险转嫁出去，自身承担较高的风险（Gaspar，2006；Irvine，2009；Peress，2010；Bates，2009；吴昊旻，2012）。总之，产品市场竞争程度加剧会导致企业抗风险能力削弱，企业债务融资成本增加。

其次，产品市场的竞争还会通过影响企业资产（特别是抵押资产）的清算价值来影响债务融资成本（Molina，2011；Valta，2012）。抵押资产或者资产清算价值的作用在债务市场面临信息不对称问题时尤其明显。这时，企业可以通过抵押资产的价值来传递信号，从而降低逆向选择；更重要的是，通过降低企业的道德风险，从而降低贷款人的损失率（米什金，2011）。因此，抵押资产能够降低信息不对称带来的成本，从而降低企业债务融资成本。抵押资产的流动性会影响抵押资产的价值；而竞争的市场环境会影响抵押资产的流动性。在竞争激烈的市场环境中，企业资产的流动性低，其更难以通过出售或处置资产来适应迅速变化的市场环境。在这种条件下，即使企业出售资产也会面临大幅的折价，从而降低企业通过处置资产筹集资金来改变投资方向以适应市场竞争环境的能力（Pulvino，1998；张合金等，2014）。通常而言企业的行业竞争越激烈，企业通常会更偏好持有流动性更高的资产,尤其是现金资产,从而保证自身在行业竞争中的安全性。在产品市场竞争激烈的环境下,企业对固定资产的需求量减弱,从而债权人处置抵押物需要大幅折价。在行业内对清算资产或重置资产的需求不足的情况下,如果需求方是行业外的企业,那么清算资产的价值同样会大幅折价。因为行业外的企业其购买债权人处置的抵押资产的激励更加不足。具体而言,由于资产具有专用性,因此行业外的企业对该类资产的估值会严重低于其内在价值;同时行业外的企业缺乏使用该资产的经验也会降低其购买需求,从而降低抵押资产的流动性。总之,激烈的产品竞争环境会降低企业抵押资产的清算价值,进而增加企业债务融资成本。

基于以上分析,本章提出并检验如下命题:

如果行业竞争相对缓和,处于该行业内企业的债务融资融资成本较低;如果行业竞争相对激烈,处于该行业内的企业的债务融资成本相对较高。不同企业在行业内部的竞争地位不同,也会导致其债务融资成本呈现差异。在行业内部处于有利竞争地位的企业,更容易获取低成本的债务资金,从而企业的债务融资融资成本更低;而在行业内部处于相对不利竞争地位的企业,更多获取高成本的债务资金,从而企业的债务融资成本更高。

6.2 样本选择和数据来源

本章核心研究数据与上一章一致,是基于 A 股上市公司 2001~2014 年样本,数据主要来源是国泰君安 CSMAR 数据库、同时参考 Wind 的数据库和同花顺 iFinD 数据库。由于本章涉及产品市场竞争的分析,主要是按照行业分类进行计算的,基于证监会行业分类指引(2012 修订版)对行业进行分类。同时对行业处理进行如下处理:(1)将制造业细分成 10 个子行业,这是因为制造业集中了大量的上市公司,为了方便研究需要进行细分;(2)剔除金融保险业,这是因为金融行业受到国家显性或者隐性的担保以及政府管制对金融行业的资本充足率的规定直接影响到这类企业的资产负债率;(3)剔除样本量较少的家具制造业。从而共有 22 个行业分

类：农业、采掘业、食品饮料、纺织、服装、皮毛、造纸印刷、石油化学塑胶塑料、电子、金属非金属、机械设备仪表、医药生物制品、其他制造业、电力煤气及水的生产和供应业、建筑业、交通运输仓储业、信息技术业、批发零售贸易、房地产、社会服务业、传播与文化产业、综合类。本章对极端值在 1% 的水平上进行了截尾处理。由于企业在规模上具有一定的异质性，可能存在异方差问题，同时，处在一个行业的企业可能存在一定自相关问题，因此本章对异方差和自相关稳定参考德里斯科尔和克拉伊（Driscoll and Kraay，1998）的方法进行了处理。

6.3　变量选择

6.3.1　被解释变量：债务融资成本

上市公司债务成本度量常用指标包括债券收益率、公司银行贷款利率以及从财务数据计算出来的债务融资成本。首先，债券收益率度量债务融资成本更多的是对于企业公开发行的债务融资进行定价的数据。因此，这种测度方法更多反映的是企业公开债务融资成本信息，而无法全面反映企业债务融资成本信息。同时，我国上市公司发行债券整体占比较少，其更难全面地反映上市公司的债务融资成本。其次，从银行贷款定价数据来看，由于银行贷款数据具有私募债的性质，其反映的债务融资成本是银行基于自身的私有信息而进行的定价，因此其信息具有商业机密性，其相关的信息较难获得。这意味着如果使用银行贷款定价数据作为债务融资成本代理变量，将面临数据可获得性问题。上市公司可能会有时公布一些贷款数据，但是这些贷款数据和信息只是其贷款融资的一部分，无法代表其全部债务融资成本。更重要的是，这些贷款数据的公布是有选择性的，从而也无法真实地反映其债务融资成本。同时，同一家企业从不同银行获取的债务融资的成本可能因为银企关系、抵押品不同而呈现差异，而这些潜在的因素较难评估，从而也无法较好地反映企业的债务融资成本。另外一种方式是利用上市公司财务数据来进行计算和度量上市的债务融资成本。这种测度方法第一可以比较全面地从上市公司财务报表中获取相关的数据，涉及利息支出或者财务费用的相关数据在上市公司财务报表附注中都会公布。其次，这种测度方法的优势是全面地测量了企业债务融资的综合成本，而不是单独反映某一种融资方式如债券融资、贷款融资的成本。这种方法也是有其缺陷的：首先，由于该指标是基于上市公司财务报告数据计算出来的，而不是市场化的价格指标，不可避免地存在噪声，比如期末偿还了大量负债从而分母过小就会导致计算出的债务融资成本过高，存在异常值的情况；其次，该指标更多的是反映一种平均的债务融资成本情况，而非企业增加债务融资面临的边际债务融资成本。

如前分析，出于数据可获得性的考虑，本章基于上市公司财务数据测度债务融资成本。度量指标包括两类：一类考虑是单纯考虑利息支出对应的债务融资成本，从而在计算公式上表现为利息支出除以总负债或带息债务；另一类是考虑利息支出和其他手续费的净财务费用支出与对应的债务融资成本，从而在计算公式上表现为净财务费用除以总负债或带息债务。其中，带息债务包括短期借款、一年内到期的长期负债、长期借款、应付债券、应付利息；净财务费用包括利息支出、手续费和佣金支出以及其他财务费用。从而形成净财务费用比当期带息债务、利息支出比平均总债务、利息支出比平均带息债务、净财务费用比平均总债务、净财务费用比平均带息债务五个债务融资成本指标。

6.3.2 解释变量：产品市场竞争

本章采用的产品市场竞争（PMC）与第 4 章是完全一致的，具体包括：行业集中度（CR4）、赫芬达尔—赫希曼指数（HHI）、自然边界（nh）、勒纳指数或价格边际成本（pcm）、超额价格边际成本（epcm）。各个指标的计算方法，在第 4 章有详细的论述，本章只进行简要的介绍。

根据前面的理论分析本章预期：竞争的虚拟变量（hhiq）与企业债务融资成本正相关；行业集中度（CR4）与企业债务融资成本负相关；赫芬达尔—赫希曼指数（HHI）与企业债务融资成本负相关；公司经营相似程度即

自然边界（nh）与企业债务融资成本负相关；勒纳指数或价格边际成本（pcm）与企业债务融资成本负相关；超额价格边际成本（epcm）与企业债务融资成本负相关。

6.3.3　控制变量

参考皮特曼和福汀（Pittman and Fortin，2004）、蒋琰（2009）、李广子和刘力（2009）、陆贤伟（2013）等关于债务融资成本研究的文献，本章控制了如下因素：公司规模（lnasset）、公司盈利能力（ROA）、公司增长率（growth）、贷款基准利率（loan）、公司面临财务困境的可能性大小（Zsocre）、公司短期债务占比（maturity）、公司的资产负债率（Lev）、固定资产占比（tasset）（见表 6 - 1）。

表 6 - 1　　　　　　　　　　　　主要变量定义

代码	变量名	计算方法	预期符号
cost	净财务费用比当期带息债务	净财务费用/年末带息债务	
costlz	利息支出比平均总债务	年度利息支出/一年四个季度的总债务均值	
costla	利息支出比平均带息债务	年度利息支出/一年四个季度的带息债务平均额	
costjz	净财务费用比平均总债务	年度净财务费用/一年四个季度的总债务均值	
costja	净财务费用比平均带息债务	年度净财务费用/一年四个季度的带息债务平均额	
hhi	赫芬达尔指数	利用行业内市场份额平方和加总	-
hhiq1	HHI 虚拟变量	将 HHI 指数低于下四分位数的令为 1，将 HHI 大于下四分位数的令为 0，同 Valta（2012）的方法一致	+
cr4	行业集中度	行业内前 4 名企业的市场份额之和	
pcm	勒纳指数	即价格边际成本，用折旧及息税前利润/销售额来度量（吴昊昊等，2012）	-

续表

代码	变量名	计算方法	预期符号
epcm	超额价格-成本边际	等权的 EPCM＝公司 PCM－行业的 PCM 均值	－
nh	自然边界	$$NH_{i,j,t} = \frac{\left| \left(\frac{k}{l}\right)_{i,j,t} - median_{i,j,k}\left(\frac{k}{l}\right) \right|}{range\left\{ \left| \left(\frac{k}{l}\right)_{i,j,t} - median_{i,j,k}\left(\frac{k}{l}\right) \forall i \in j, t \right| \right\}}$$ 其中 i 表示企业，j 表示所属行业，t 表示所属年份，Median 表示中值，range 表示全距	－
lnasset	规模	总资产的自然对数	－
ROA	盈利能力	净利润/资产总额	
growth	成长性	主营业务增长率	＋
loan	贷款基准利率	根据中国人民银行公布的一年期贷款基准利率	＋
Zsocre	破产指数	$Z = 0.012(X1) + 0.014(X2) + 0.033(X3) + 0.006(X4) + 0.999(X5)$。其中，X1：流动资本/总资产（WC/TA），X2：留存收益/总资产（RE/TA），X3：息前、税前收益/总资产（EBIT/TA），X4：股权市值/总负债账面值（MVE/TL），X5：销售收入/总资产（S/TA）	－
maturity	债务期限	公司短期债务比总债务水平	？
Lev	企业财务杠杆	公司的负债比总资产	＋
tasset	固定资产比重	固定资产比总资产	－

其中，公司规模（lnasset）使用公司总资产的对数来衡量。通常预期公司的规模大小与企业债务融资成本负相关。这是因为企业规模越大，则企业抗风险能力越强，违约风险越低，从而其债务融资成本越低。

公司盈利能力（ROA）通常使用资产盈利率来度量。通常预期资产盈利率与企业债务融资成本正相关。这是因为企业盈利能力越强，企业的可保证收入越高，企业违约风险越低，从而其债务融资成本越低。

公司增长率（growth）使用主营业务收入增长率来衡量。通常预期公司增长率与债务融资本成正相关。因为债权通常理解为公司资产的看跌期权，公司主营业务增长率越高，通常公司的波动率越大，债权的风险越大，从而企业的债务融资成本越高。

贷款基准利率（loan）使用根据中国人民银行公布的一年期贷款基准利率作为代理变量。贷款基准利率是企业债务融资面临的基准利率，尤其是在中国银行贷款作为企业主要债务融资渠道的情况下，贷款基准利率对企业债务融资成本的影响尤其巨大。本章预期贷款基准利率与企业债务融资成本正相关，这是因为贷款基准利率的提高会直接导致企业债务融资成本的上升。

公司面临财务困境的可能性大小使用 Altman 破产指数（Zsocre）作为代理变量。该指数越大，则表明企业的破产或者经营失败的可能性越大；该指标越小，则表明企业破产或者经营失败的概率越小。因此，Altman 破产指数越大，则企业破产的风险越小，债权人面临的风险越小，从而企业债务融资成本越低；Altman 破产指数越小，则企业破产的风险越大，债权人面临的风险越大，从而企业债务融资成本越高。总之，本章预期 Altman 破产指数与企业债务融资成本呈现显著的负相关关系。

通常预期公司的资产负债率（Lev）越高，则企业的财务风险越大，则企业的债务融资成本越高，公司的资产负债率与企业的债务融资成本正相关。

固定资产占比（tasset）使用固定资产比总资产来衡量。通常预期固定资产占比与债务融资成本负相关。这是因为固定资产作为抵押品可以降低债权人的风险，从而降低债务融资成本。同时，本章还控制了公司的债务期限（maturity）。

6.4　实证模型

为进一步分析产品市场竞争对公司债务融资成本的影响，本章建立如下分析框架：

$$Cost_{i,j,t} = \alpha + Loan_t + \delta(Competition_{j,t-1}) + \beta' Control_{i,t-1} + \xi_{i,j,t}$$

其中，$Cost_{i,j,t}$ 为 j 行业的公司 i 第 t 年的债务融资成本，$Competition_{j,t-1}$ 为被解释变量产品市场竞争程度，$Control_{i,t-1}$ 为控制变量。为了解决可能存在的内生性问题，本章对所有变量滞后一期，除了对于贷款基准利率采用当期变量，这是因为如果都采用当期的财务数据和行业竞争情况进行分析，将面临两个问题：（1）发放债务的债权人和借款的企业多是基于上一期的财务情况和行业竞争程度进行借贷决策的；（2）解释变量中的很多变量如债务期限、财务杠杆和被解释变量中的债务融资成本可能同时被决定。因此借鉴范等（2012）的处理方法，将所有解释变量滞后一期来缓解可能的内生性问题。同时因为不同企业在规模上呈现巨大差异和同一企业可能在财务决策上有时间序列相关性，本章参考德里斯科尔和克拉伊（1998）的方法进行了处理。

6.5   实证结果及分析

6.5.1   回归分析

本章对产品市场竞争对公司负债融资成本的影响进行实证检验（结果见表 6 - 2）。首先考察了产品市场竞争状况虚拟变量（hhiq1）与企业债务融资成本（lncost）之间的关系。为了使回归结果更有经济意义，对被解释变量进行了对数化处理。对数化处理后的经济意义是解释变量增加一单位导致上市公司债务融资成本增长百分之多少，相对于绝对的债务融资成本增加具有更强的参考意义。

从表 6 - 2 可见，产品市场竞争指标变量的结果和预期完全一致。实证研究表明，产品市场竞争程度与企业债务融资成本正相关，并且在 5% 或者更高的置信水平上显著。研究结论表明，在竞争性行业中企业的债务融资成本会更高。在控制行业其他因素后，在竞争性行业中的企业的债务融资成本相对处在竞争缓和行业中的企业的债务融资成本要高 8% 左右的水平。在控制企业个体因素后，在竞争性行业中的企业的债务融资成本相对处在竞争缓和行业中的企业的债务融资成本要高 9% 左右的水平。控制企业个体因素和时间因素后，在竞争性行业中的企业的债务融资成本相对处在竞争缓和行业中的企业的债务融资成本要高 10% 左右的水平。控制企业个体因素和

企业的市场份额以后，在竞争性行业中的企业的债务融资成本相对处在竞争缓和行业中的企业的债务融资成本要高 7% 左右的水平。在制造业子样本的回归中表明，在竞争性行业中的企业的债务融资成本相对处在竞争缓和行业中的企业的债务融资成本要高 5.6% 左右的水平，比全样本结果要低。

表 6-2　　　　　　　　　产品市场竞争（HHIQ）与债务融资成本

变量	(1) 控制了行业 lncost	(2) 固定效应模型 （基本模型） lncost	(3) 固定效应模型 （控制年份） lncost	(4) 固定效应模型 控制市场份额 lncost	(5) 制造业样本的 回归 lncost
L. hhiq1	0.0974 *** (4.64)	0.0956 *** (4.27)	0.103 *** (4.45)	0.0743 *** (3.23)	0.0563 *** (3.00)
loan	10.30 *** (15.56)	2.946 *** (4.17)	. (.)	9.871 *** (13.64)	9.056 *** (15.30)
L. Lev	0.572 *** (8.90)	0.213 ** (2.68)	0.131 * (2.21)	0.909 *** (12.37)	0.207 *** (3.60)
L. maturity	-0.0188 (-0.36)	-0.299 *** (-5.35)	-0.189 *** (-3.27)	-0.192 *** (-3.30)	-0.0202 (-0.43)
L. lnasset	-0.0613 *** (-4.97)	-0.0514 *** (-3.91)	-0.0912 *** (-6.71)	-0.0926 *** (-6.63)	-0.0550 *** (-4.98)
L. ROA	-0.498 *** (-4.03)	-1.204 *** (-9.15)	-0.821 *** (-6.06)	-0.805 *** (-5.84)	-0.474 *** (-4.29)
L. tasset	-0.0628 *** (-6.71)	-0.108 *** (-10.79)	-0.0564 *** (-5.56)	-0.0557 *** (-5.40)	-0.0624 *** (-7.45)
L. growth	0.0222 (1.38)	0.0306 * (1.78)	0.0493 *** (2.81)	0.0310 * (1.83)	0.00571 (0.39)
L. zscore	-0.0102 *** (-4.99)	-0.00552 ** (-2.37)	-0.00916 *** (-3.88)	-0.00466 * (-1.94)	-0.0134 *** (-5.96)
L. mshare				-4.003 *** (-42.95)	

续表

变量	(1) 控制了行业 lncost	(2) 固定效应模型 （基本模型） lncost	(3) 固定效应模型 （控制年份） lncost	(4) 固定效应模型 控制市场份额 lncost	(5) 制造业样本的 回归 lncost
_cons	−4.085 *** （−47.73）	−3.473 *** （−38.13）	−3.512 *** （−37.31）	−4.080 *** （−46.04）	−3.931 *** （−51.45）
Hausman Prob > Chi		0.0006	0.0006	0.0011	
N	15276	15276	15276	15276	7855

注：括号内为 t 检验值，* 、** 、*** 分别表示在 10% 、5% 、1% 的水平下显著。

从企业资产负债率（Lev）来看，企业资产负债率与企业债务融资成本正相关，并且在 1% 的置信水平下显著。这说明企业资产负债率越高，企业财务风险越大，企业债务融资成本越高。

从企业资产规模（lnasset）来看，企业资产规模与企业债务融资成本负相关，并且在 1% 的置信水平上显著。这说明企业资产规模越大能够抗风险能力越强，债权人面临的风险越小，企业债务融资成本越低。

从公司盈利能力（ROA）来看，公司盈利能力与企业债务融资成本负相关，并且在 1% 的置信水平上显著。这说明公司盈利能力越高，企业产生现金流的能力越强，债权人面临的违约风险越小，企业债务融资成本越低。

从固定资产比重（tasset）来看，公司固定资产比重与企业债务融资成本负相关，并且在 1% 的置信水平上显著。这说明公司固定资产比重越高则可供债权人处置的抵押资产越多，债权人面临的回收损失率相对较低，企业债务融资成本更低。

从企业的增长率（growth）来看，企业的增长率与企业债务融资成本正相关。这说明企业的增长率越高，则企业的债务融资成本越高，但是这一结论并不是在所有回归中都显著成立。

从 Altman 破产指数（Zsocre）来看，Altman 破产指数与企业债务融资成本负相关，绝大多数回归在 5% 的置信水平上显著。这说明 Altman 破产指数越高则企业破产风险越小，企业债务融资成本越低。

总之，研究结论表明公司资产规模越高、资产负债率越低、企业增长率越低、有形资产比重较高、盈利能力越强，则企业的债务融资成本越低；相反，如果公司资产规模越低、资产负债率越高、企业增长率越高、有形资产比重较低、盈利能力越弱，则企业的债务融资成本越高。这些控制变量的方向与传统的研究结论基本一致（戴国强和吴许均，2005；蒋琰，2009；Valta，2012）。

6.5.2　稳健性检验

前文的分析验证了假设：企业所面临的产品市场竞争越激烈，企业的债务融资成本越高；企业所面临的产品市场竞争越缓和，企业的债务融资成本越低。为了进一步分析不同维度的产品市场竞争对上市公司的债务融资成本的影响，本章进一步进行了稳健性检验。

本章首先通过豪斯曼检验（Hausman-test）对固定效应（fixed effects model）和随机效应模型（random effect model）进行选择，选择结果表明所有模型都适用于固定效应模型。从表 6 - 3 可见，基于净财务费用比当期带息债务等债务融资成本指标都可以观察到，企业所处行业市场集中度与企业的债务融资成本负相关，并且在 1% 的置信水平下显著。具体而言，可以发现行业的集中度赫芬达尔—赫希曼指数（HHI）每提高 1%，则企业的债务融资成本下降 1% ~ 2% 的水平。这说明在剔除企业不可观测的特质风险后，行业的竞争结构仍然对企业的债务融资成本有着显著的影响。该结论进一步验证了前面的假设，即企业所面临的产品市场竞争越激烈，企业的债务融资成本越高；企业所面临的产品市场竞争越缓和，企业的债务融资成本越低。

表 6 – 3   产品市场竞争之赫芬达尔—赫希曼指数（HHI）对债务融资成本影响

变量	净财务费用比 当期带息债务 lncostlz	利息支出比 平均总债务 lncostla	利息支出比 平均带息债务 lncostjz	净财务费用比 平均总债务 lncostja	净财务费用比 平均带息债务 lncosta
L. hhi	− 1. 171 *** （− 3. 55）	− 1. 784 *** （− 6. 52）	− 1. 205 *** （− 3. 44）	− 1. 837 *** （− 5. 80）	0. 0751 （0. 31）
loan	3. 246 *** （4. 62）	9. 073 *** （15. 45）	4. 593 *** （6. 32）	10. 02 *** （14. 01）	4. 612 *** （6. 69）
L. Lev	0. 0780 （1. 11）	0. 204 *** （3. 46）	− 0. 0176 （− 0. 24）	0. 121 * （1. 69）	0. 910 *** （12. 89）
L. maturity	− 0. 290 *** （− 5. 13）	− 0. 0224 （− 0. 47）	− 0. 188 *** （− 3. 22）	0. 122 ** （2. 12）	− 0. 692 *** （− 12. 18）
L. lnasset	− 0. 0590 *** （− 4. 36）	0. 0466 *** （4. 11）	− 0. 101 *** （− 7. 22）	0. 00768 （0. 56）	0. 0816 *** （6. 11）
L. ROA	− 1. 210 *** （− 9. 05）	− 0. 445 *** （− 3. 98）	− 0. 817 *** （− 5. 93）	0. 0116 （0. 09）	− 1. 047 *** （− 7. 95）
L. tasset	− 0. 105 *** （− 10. 28）	− 0. 0616 *** （− 7. 22）	− 0. 0572 *** （− 5. 54）	− 0. 00509 （− 0. 50）	− 0. 130 *** （− 12. 45）
L. growth	0. 0287 * （1. 67）	− 0. 00783 （− 0. 54）	− 0. 0148 （− 0. 84）	− 0. 0510 *** （− 2. 92）	0. 0320 * （1. 89）
_cons	− 3. 354 *** （− 34. 72）	− 3. 767 *** （− 46. 57）	− 3. 399 *** （− 34. 08）	− 3. 828 *** （− 38. 96）	− 2. 209 *** （− 22. 85）
Hausman Prob > Chi	0. 0005	0. 0004	0. 0011	0. 0009	0. 0008
N	15276	15276	15276	15276	15276

注：括号内为 t 检验值，* 、** 、*** 分别表示在 10% 、5% 、1% 的水平下显著。

　　同样，本章通过豪斯曼检验（Hausman-test）发现所有模型都适用于固定效应模型。同样通过表 6 – 4 可以观察到，基于净财务费用比当期带息债务等债务融资成本指标都可以观察到，企业所处行业市场集中度（cr4）与企业的债务融资成本负相关，并且在 5% 的置信水平上显著。具体而言，可以发现行业的集中度 cr4 每提高 1% ，则企业的债务融资成本下降 0. 44% ~

0.72% 的水平。这说明在剔除企业不可观测的特质风险后，行业集中度对企业的债务融资成本有着显著的影响。该结论说明企业所处的行业集中度越高，企业的债务融资成本越低；企业所处的行业集中度越低，企业的债务融资成本越高。

表 6-4　　　产品市场竞争之行业集中度（CR4）与债务融资成本

变量	净财务费用比 当期带息债务 lncost	利息支出比 平均总债务 lncostlz	利息支出比 平均带息债务 lncostla	净财务费用比 平均总债务 lncostjz	净财务费用比 平均带息债务 lncostja
cr4	-0.579** (-3.20)	-0.521** (-2.40)	-0.433** (-2.78)	-0.719** (-2.71)	-0.672** (-2.79)
loan	10.68** (3.04)	3.242 (1.29)	9.185** (2.53)	4.527* (1.99)	10.08** (2.42)
Lev	0.544*** (6.43)	0.0835 (0.71)	0.212** (2.63)	-0.0127 (-0.13)	0.130* (2.12)
maturity	-0.00509 (-0.14)	-0.296*** (-4.60)	-0.0244 (-0.49)	-0.198** (-2.58)	0.116 (1.58)
lnasset	0.0625*** (3.50)	-0.0534* (-1.95)	0.0540* (2.03)	-0.0947*** (-3.51)	0.0162 (0.45)
ROA	-0.462*** (-3.73)	-1.198*** (-4.28)	-0.436** (-2.36)	-0.800*** (-4.39)	0.0254 (0.11)
tasset	-0.0585*** (-6.72)	-0.104*** (-9.09)	-0.0615*** (-5.26)	-0.0569*** (-3.55)	-0.00484 (-0.31)
growth	-0.0265 (-1.38)	0.0294 (0.90)	-0.00789 (-0.75)	-0.0133 (-0.53)	-0.0504*** (-4.22)
zscore	-0.0134** (-2.36)	-0.00188 (-0.50)	-0.00124 (-0.32)	-0.00466 (-0.99)	-0.00418 (-1.34)
_cons	-3.867*** (-15.10)	-3.255*** (-12.47)	-3.760*** (-19.64)	-3.219*** (-11.60)	-3.747*** (-16.37)
Hausman Prob > Chi	0.0011	0.0009	0.0013	0.0021	0.0004
N	15276	15276	15276	15276	15276

注：括号内为 t 检验值，*、**、*** 分别表示在 10%、5%、1% 的水平下显著。

　　同样，首先对固定效应（fixed effects model）和随机效应模型（random effect model）进行选择，根据豪斯曼检验（Hausman-test）结果选择固定效应模型。通过表6-5可以观察到，基于净财务费用比当期带息债务、净财务费用比平均带息债务等债务融资成本指标都显示，企业所处行业市场优势越明显（即勒纳指数越高），则企业的债务融资成本越低。具体而言，可以发现企业的勒纳指数每提高1%，则企业的债务融资成本下降0.48% ~ 0.77%的水平。而基于利息支出比平均总债务、利息支出比平均带息债务、净财务费用比平均总债务计量的债务融资成本与勒纳指数之间的关系不显著。整体来讲，实证研究说明在剔除企业不可观测的特质风险后，企业在产品市场上的价格优势对企业的债务融资成本有着显著的影响。该结论验证了前面的假设，即企业的市场优势（勒纳指数或价格边际成本）越明显，则企业的债务融资成本越低；企业的市场优势（勒纳指数或价格边际成本）较弱，则企业的债务融资成本较高。

表6-5　　　　　　产品市场竞争之勒纳指数（PMC）与债务融资成本

变量	净财务费用比当期带息债务 lncost	利息支出比平均总债务 lncostlz	利息支出比平均带息债务 lncostla	净财务费用比平均总债务 lncostjz	净财务费用比平均带息债务 lncostja
pcm	-0.0483 ** (-2.84)	0.0155 (0.38)	-0.0372 (-1.45)	-0.0109 (-0.38)	-0.0772 *** (-3.36)
loan	10.99 ** (3.08)	3.534 (1.43)	9.446 ** (2.57)	4.759 * (2.14)	10.28 ** (2.44)
Lev	0.551 *** (6.54)	0.0842 (0.70)	0.218 ** (2.57)	-0.0164 (-0.17)	0.130 * (2.09)
maturity	-0.000888 (-0.02)	-0.289 *** (-4.55)	-0.0236 (-0.44)	-0.184 ** (-2.49)	0.124 (1.64)
lnasset	0.0603 *** (3.53)	-0.0553 * (-2.04)	0.0523 * (2.00)	-0.0974 *** (-3.72)	0.0135 (0.39)
ROA	-0.328 ** (-2.51)	-1.243 *** (-3.47)	-0.336 (-1.66)	-0.803 *** (-3.63)	0.188 (0.84)

续表

变量	净财务费用比 当期带息债务 lncost	利息支出比 平均总债务 lncostlz	利息支出比 平均带息债务 lncostla	净财务费用比 平均总债务 lncostjz	净财务费用比 平均带息债务 lncostja
tasset	− 0. 0575 *** (− 7. 26)	− 0. 104 *** (− 8. 73)	− 0. 0607 *** (− 5. 32)	− 0. 0580 *** (− 3. 68)	− 0. 00575 (− 0. 38)
growth	− 0. 0297 (− 1. 61)	0. 0284 (0. 89)	− 0. 0101 (− 0. 93)	− 0. 0153 (− 0. 64)	− 0. 0539 *** (− 3. 57)
zscore	− 0. 0138 ** (− 2. 49)	− 0. 00227 (− 0. 62)	− 0. 00150 (− 0. 39)	− 0. 00489 (− 1. 04)	− 0. 00427 (− 1. 42)
_cons	− 4. 092 *** (− 17. 81)	− 3. 465 *** (− 18. 02)	− 3. 932 *** (− 21. 65)	− 3. 495 *** (− 17. 88)	− 3. 994 *** (− 20. 59)
Hausman Prob > Chi	0. 0021	0. 0027	0. 0031	0. 0019	0. 0017
N	15276	15276	15276	15276	15276

注：括号内为 t 检验值，∗ 、∗∗ 、∗∗∗ 分别表示在 10% 、5% 、1% 的水平下显著。

　　同样，基于豪斯曼检验（Hausman-test）发现所有模型都适用于固定效应模型。超额价格 – 成本边际（epcm）剔除了行业整个的垄断优势，只考虑了公司自身在行业内部的竞争优势和市场势力，因此，通过表 6 – 6 可以观察到，基于利息支出比平均总债务、净财务费用比平均总债务、净财务费用比平均带息债务等债务融资成本指标都显示，企业的超额价格 – 成本边际（epcm）越高，企业在行业中的市场地位越高，则企业的债务融资成本越低。具体而言，企业的超额价格 – 成本边际每上升 1% ，则企业的债务融资成本下降范围在 0. 2% ~ 0. 4% 的水平。而基于净财务费用比当期带息债务、利息支出比平均带息债务度量的债务融资指标与超额价格 – 成本边际（epcm）之间的关系不显著。整体来讲，实证研究说明在剔除企业不可观测的特质风险后，企业在产品市场上的相对价格优势对企业的债务融资成本仍然有着重要的影响。该结论验证了前面的假设，即企业的市场优势（超额价格 – 成本边际）越明显，则企业的债务融资成本越低；企业的市场优势

（超额价格－成本边际），则企业的债务融资成本较高。同时比较发现超额价格－成本边际比勒纳指数显著的更多，一种可能是超额价格－成本边际较高的企业的竞争优势相对价格－成本边际较高的企业竞争优势更为明显。

表 6－6　　　　　　产品市场竞争（EPMC）与债务融资成本

变量	净财务费用比 当期带息债务 lncost	利息支出比 平均总债务 lncostlz	利息支出比 平均带息债务 lncostla	净财务费用比 平均总债务 lncostjz	净财务费用比 平均带息债务 lncostja
epcm	0.0405 (0.40)	−0.383 ** (−2.58)	0.00264 (0.18)	−0.201 ** (−2.62)	−0.212 ** (−2.75)
loan	11.03 ** (3.09)	3.717 (1.50)	9.463 ** (2.57)	4.861 * (2.18)	10.20 ** (2.44)
Lev	0.550 *** (6.43)	0.0910 (0.76)	0.217 ** (2.55)	−0.0138 (−0.14)	0.125 * (2.04)
maturity	0.00457 (0.11)	−0.279 *** (−4.36)	−0.0201 (−0.38)	−0.177 ** (−2.40)	0.125 (1.63)
lnasset	0.0615 *** (3.67)	−0.0497 * (−1.89)	0.0528 * (1.99)	−0.0942 *** (−3.59)	0.0111 (0.32)
ROA	−0.478 ** (−3.21)	−1.452 *** (−4.03)	−0.432 * (−2.20)	−0.962 *** (−3.90)	0.140 (0.62)
tasset	−0.0575 *** (−7.16)	−0.104 *** (−8.88)	−0.0606 *** (−5.30)	−0.0578 *** (−3.67)	−0.00584 (−0.38)
growth	−0.0274 (−1.47)	0.0312 (0.99)	−0.00859 (−0.82)	−0.0129 (−0.55)	−0.0530 *** (−3.60)
zscore	−0.0138 ** (−2.48)	−0.00180 (−0.52)	−0.00153 (−0.39)	−0.00469 (−1.03)	−0.00459 (−1.50)
_cons	−4.102 *** (−17.77)	−3.491 *** (−17.89)	−3.937 *** (−21.54)	−3.512 *** (−17.88)	−3.988 *** (−20.73)
Hausman Prob > Chi	0.0007	0.0009	0.0006	0.0005	0.0016
N	15276	15276	15276	15276	15276

注：括号内为 t 检验值，* 、** 、*** 分别表示在 10% 、5% 、1% 的水平下显著。

同样,豪斯曼检验(Hausman-test)表明所有模型都适用于固定效应模型。自然边界(nh)反映一个企业相对于行业的技术竞争优势,一个企业的自然边界(nh)越高,则该企业的创新水平或者创新能力相对于行业的水平或者能力越强。因此,通过表 6 – 7 可以观察到,基于净财务费用比当期带息债务、利息支出比平均带息债务、净财务费用比平均带息债务等债务融资成本指标都显示,企业的超额价格 – 成本边际(epcm)越高,企业在行业中的技术竞争地位越高,则企业的债务融资成本越低。而基于利息支出比平均总债务和净财务费用比平均总债务度量的债务融资成本与自然边界的关系不显著。整体来讲,实证研究说明在剔除企业不可观测的特质风险后,企业在产品市场上的技术优势对企业的债务融资成本仍然有着重要的影响。该结论验证了前面的假设,即企业的市场优势(自然边界)越明显则企业的债务融资成本越低;企业的市场优势(自然边界)不明显则企业的债务融资成本较高。

表 6 – 7 产品市场竞争之自然边界(nh)与债务融资成本

变量	净财务费用比当期带息债务 lncost	利息支出比平均总债务 lncostlz	利息支出比平均带息债务 lncostla	净财务费用比平均总债务 lncostjz	净财务费用比平均带息债务 lncostja
nh	− 0. 259 *** (− 2. 93)	0. 00725 (0. 318)	− 0. 137 * (− 1. 91)	0. 00692 (0. 18)	− 0. 374 *** (− 3. 65)
loan	10. 85 ** (3. 11)	3. 426 (1. 38)	9. 333 ** (2. 57)	4. 748 * (2. 13)	10. 28 ** (2. 48)
Lev	0. 534 *** (6. 20)	0. 0666 (0. 55)	0. 199 ** (2. 51)	− 0. 0290 (− 0. 28)	0. 117 * (1. 96)
maturity	0. 0127 (0. 35)	− 0. 283 *** (− 4. 51)	− 0. 0131 (− 0. 26)	− 0. 181 ** (− 2. 40)	0. 132 (1. 78)
lnasset	0. 0623 *** (3. 42)	− 0. 0527 * (− 1. 92)	0. 0545 * (2. 06)	− 0. 0950 *** (− 3. 58)	0. 0155 (0. 44)
ROA	− 0. 481 *** (− 3. 91)	− 1. 208 *** (− 4. 36)	− 0. 445 ** (− 2. 44)	− 0. 815 *** (− 4. 46)	0. 0113 (0. 05)
tasset	− 0. 0581 *** (− 6. 44)	− 0. 0581 *** (− 6. 44)	− 0. 0581 *** (− 6. 44)	− 0. 0581 *** (− 6. 44)	− 0. 0581 *** (− 6. 44)

续表

变量	净财务费用比当期带息债务 lncost	利息支出比平均总债务 lncostlz	利息支出比平均带息债务 lncostla	净财务费用比平均总债务 lncostjz	净财务费用比平均带息债务 lncostja
growth	−0.0290 (−1.58)	0.0269 (0.84)	−0.0100 (−0.95)	−0.0167 (−0.70)	−0.0534 *** (−4.09)
zscore	−0.0136 ** (−2.45)	−0.00221 (−0.59)	−0.00147 (−0.38)	−0.00496 (−1.05)	−0.00439 (−1.46)
_cons	−4.094 *** (−17.21)	−3.464 *** (−17.86)	−3.931 *** (−21.33)	−3.501 *** (−17.60)	−4.003 *** (−20.70)
Hausman Prob > Chi	0.0013	0.0027	0.0018	0.0035	0.0033
N	15276	15276	15276	15276	15276

注：括号内为 t 检验值，*、**、*** 分别表示在 10%、5%、1% 的水平下显著。

总之，实证结论验证了本章的研究假设：如果行业竞争相对缓和，处于该行业内企业的债务融资融资成本较低；如果行业竞争相对激烈，处于该行业内的企业的债务融资成本相对较高。不同企业在行业内部的竞争地位不同，也会导致其债务融资成本呈现差异。在行业内部处于有利竞争地位（无论是价格处于有利地位还是技术处于有利地位）的企业，其更容易获取低成本的债务资金，从而企业的债务融资融资成本更低；而在行业内部处于相对不利竞争地位（无论是价格处于不利地位还是技术处于不利地位）的企业，其更多获取高成本的债务资金，从而企业的债务融资融资成本更高。

6.5.3　对实证结果的进一步分析

前面研究发现，产品市场竞争越激烈，企业的债务融资成本越高；产品市场竞争越缓和，企业的债务融资成本越低。为更详细地验证前文的假说，对产品市场竞争影响债务融资成本的掠夺风险和回收损失率的两个机制做进一步的检验。

6.5.3.1　掠夺机制

根据前文的分析，产品市场竞争存在掠夺机制，即在行业内部具有优势

的企业可能利用其优势通过价格竞争等策略掠夺在行业内部处于劣势的企业。从而产品市场竞争可能对于在行业内部具有竞争优势的企业而言是一件有利的事情，因为其更可能通过掠夺竞争对手来提高自身的市场份额和利润率以及现金流水平。当产品市场竞争激烈时，对在行业内具有竞争优势的企业而言其可以掠夺行业内其他较弱的企业，从而产品市场竞争可能对其债务融资成本没有影响，甚至可能降低其债务融资成本；而当产品市场竞争激烈时，对在行业内具有竞争劣势的企业而言，由于其可能被其他企业掠夺，从而产品市场竞争更加显著地增加了其债务融资成本。如果掠夺机制存在意味着在行业处于竞争激烈状态下，行业内实力较强的企业，产品市场竞争程度与其债务融资成本不相关或者负相关；而行业实力较弱的企业，产品市场竞争程度与债务融资成本正相关。

为了验证前文提出的假设，基于企业的资产规模和企业持有的现金流水平来度量企业在行业内的实力情况。对于企业资产规模来讲，本节进行如下处理：将企业资产规模在行业内根据不同年度从小到大进行排序，并将样本分成四组。将资产规模最大的一组和资产规模最小的一组企业，分别作为子样本数据进行回归分析。

同样，基于豪斯曼检验（Hausman-test）选择固定效应模型。为了方便比较，将资产小于下四分位数的企业和资产大于上四分数的企业样本回归结果直接进行比较。从表 6 - 8 可以观察到资产小于下四分位数的企业净财务费用比当期带息债务、利息支出比平均总债务、净财务费用比平均总债务、净财务费用比平均带息债务与 HHI 虚拟变量（hhiq1）显著正相关；而资产大于上四分数的企业净财务费用比当期带息债务、利息支出比平均总债务、利息支出比平均带息债务、净财务费用比平均总债务与 HHI 虚拟变量（hhiq1）不相关。通过比较可以发现资产小于下四分位数的企业 HHI 虚拟变量（hhiq1）系数显著大于资产大于上四分数的企业。这说明，相对于行业具有规模的大企业而言，小企业受到竞争的冲击是非常显著。从表 6 - 8 中可以看到资产规模较大的企业没有受到产品市场竞争带来的负面影响，在特定的情况由于在竞争激烈环境下，资产规模大的企业可能兼并、收购或者掠夺资产规模较小的企业，从而对资产规模较大的企业而言，产品市场竞争可能会降低其债务融资成本。相反，资产规模较小的企业更大程度地受到产品市场竞争带来的负面冲击，在竞争激烈环境下，资产规模较小的企业可能被资产规模较大的企业掠夺或者兼并或者收购，从而其债务融资成本可能会急剧上升。

表6-8　　　竞争对行业内不同特征企业影响差异性比较：企业规模

		(1) lncost	(2) lncostlz	(3) lncostla	(4) lncostjz	(5) lncostja
资产规模最小的 一组企业	hhiq1	0.271 ** (3.98)	0.432 *** (6.55)	0.372 *** (5.33)	0.401 *** (6.32)	0.241 *** (2.54)
资产规模最大的 一组企业	hhiq1	0.0379 (1.12)	-0.0637 (-1.27)	-0.0412 (-0.97)	0.0237 (0.35)	0.0801 * (2.52)

注：括号内为 t 检验值，*、**、***分别表示在10%、5%、1%的水平下显著。为了方便比较，表中各控制变量的回归系数以及豪斯曼检验统计量略去。

为了进一步验证前文提出的假设，基于企业持有的货币资金平均额来度量企业在行业内的实力情况。对于企业资金规模来讲，进行如下处理：将企业货币资金平均额在行业内根据不同年度进行从小到大进行排序，并将样本分成四组。将资金实力最大的一组和资金实力最小的一组企业，分别作为子样本数据进行回归分析，回归结果如表6-9。

表6-9　　　竞争对行业内不同特征企业影响差异性比较：资金实力

		(1) lncost	(2) lncostlz	(3) lncostla	(4) lncostjz	(5) lncostja
资金实力 最大的一组	hhiq1	0.128 *** (3.86)	0.269 *** (6.72)	0.108 *** (3.69)	0.401 *** (7.01)	0.217 *** (5.53)
资金实力 最小的一组企业	hhiq1	0.0125 (0.37)	-0.132 *** (-3.25)	-0.0471 (-1.49)	-.0811 *** (-4.25)	0.0409 (1.35)

注：括号内为 t 检验值，*、**、***分别表示在10%、5%、1%的水平下显著。为了方便比较，表中各控制变量的回归系数以及豪斯曼检验统计量略去。

同样，首先通过豪斯曼检验（Hausman-test）对固定效应（fixed effects model）和随机效应模型（random effect model）进行比较，结果表明所有模型都适用于固定效应模型。为了方便比较，将资产小于下四分位数的企业和资产大于上四分数的企业样本回归结果直接进行比较。从表 6 - 9 可以观察到资产小于下四分位数的企业净财务费用比当期带息债务、利息支出比平均总债务、净财务费用比平均总债务、净财务费用比平均带息债务与 HHI 虚拟变量（hhiq1）显著正相关；而资产大于上四分数的企业净财务费用比当期带息债务、净财务费用比平均总债务与 HHI 虚拟变量（hhiq1）不相关，利息支出比平均总债务、净财务费用比平均总债务与 HHI 虚拟变量（hhiq1）负相关。通过比较可以发现，资产小于下四分位数的企业 HHI 虚拟变量（hhiq1）系数显著大于资产大于上四分数的企业。这说明，相对于行业具有规模的大企业而言，小企业受到竞争的冲击非常显著。从表 6 - 9 中可以看到，资产规模较大的企业没有受到产品市场竞争带来的负面影响，由于在竞争激烈环境下，资产规模大的企业可能兼并、收购或者掠夺资产规模较小的企业，从而对资产规模较大的企业而言，产品市场竞争可能会降低其债务融资成本。相反，资产规模较小的企业更大程度地受到产品市场竞争带来的负面冲击，在竞争激烈环境下，资产规模较小的企业可能被资产规模较大的企业掠夺或者兼并或者收购，从而其债务融资成本可能会急剧上升。而对于资金实力雄厚的企业而言，其可以掠夺资金实力较弱的企业，产品市场竞争可能是对其有利的，可能反而降低其债务融资成本。

总之，上述结论表明，相对于行业具有规模和资金优势的大企业而言，小企业受到竞争的冲击非常显著；而大企业或者资金实力强大的企业基本不受到行业竞争的负面影响，甚至有时对其是有利的。这说明当行业的产品市场竞争激烈时，因为存在掠夺效应，行业内资产规模小、现金流短缺的企业面临更高的负债融资成本。

6.5.3.2　回收损失

根据前文的分析，产品市场竞争导致企业提高债务融资成本的一个重要机制是竞争会导致企业的回收损失率提高。因此，可以预期，如果产品市场竞争对资产专用性较强的企业影响更大，而对资产专用性较弱的企业影响更小，则说明产品市场竞争影响债权人回收损失率，进而影响债务融资成本的作用机制是成立的。资产专用性有的研究使用研发费用和广告费用比销售收入作为资产专用性的代理变量（Balakrishnan and Fox，1993）或者采用固定资产净值、无形资产、在建工程以及长期待摊费用之和比企业总资产的比重作为资产专用性的代理变量（周煜皓和张盛勇，2014）。这里采用贝格等（Berger et al.，1996）以及李青原等（2007）提出的退出价值作为资产专用性（uniq）的代理变量，退出价值定义为 $1.0 \times$ 现金 $+0.715 \times$ 应收账款 $+0.547 \times$ 存货投资 $+0.535 \times$ 固定资产。企业退出价值越低，企业其资产专用性越强；企业退出价值越高，企业的资产专用性越弱。参考前文的研究方法，将企业退出价值在行业内根据不同年度进行从小到大排序，并将样本分成四组。将退出价值最大的一组和退出价值最小的一组企业，分别作为子样本数据进行回归分析，回归结果如表 6 – 10。

表 6 – 10　　竞争对行业内不同特征企业影响差异性比较：资产专用性

		(1) lncost	(2) lncostlz	(3) lncostla	(4) lncostjz	(5) lncostja
退出价值最小的 一组企业	hhiq1	0. 171 *** (3. 11)	0. 241 *** (3. 89)	0. 156 (2. 57)	0. 383 *** (4. 95)	0. 187 *** (3. 28)
退出价值最大的 一组企业	hhiq1	0. 0406 (1. 44)	0. 0906 * (1. 90)	− 0. 0228 (− 0. 81)	− 0. 0105 (− 0. 33)	0. 0427 * (1. 77)

注：括号内为 t 检验值，* 、** 、*** 分别表示 10%、5%、1% 的水平下显著。为了方便比较，表中各控制变量的回归系数以及豪斯曼检验统计量略去。

　　同样，首先通过豪斯曼检验（Hausman-test）对固定效应（fixed effects model）和随机效应模型（random effect model）进行选择，结果表明，所有模型都适用于固定效应模型。为了方便比较，将退出价值最小的一组企业和退出价值最大的一组企业样本回归结果直接进行比较。从表 6 – 10 可以观察到，退出价值最小的一组企业净财务费用比当期带息债务、利息支出比平均总债务、净财务费用比平均总债务与 HHI 虚拟变量（hhiq1）显著正相关；而退出价值最大的一组企业的净财务费用比当期带息债务、利息支出比平均带息债务、净财务费用比平均总债务与 HHI 虚拟变量（hhiq1）不相关，利息支出比平均总债务、净财务费用比平均带息债务与 HHI 虚拟变量（hhiq1）在 10% 的置信水平下正相关。通过比较说明，产品市场竞争对资产专用性更强的企业影响更为明显，该类企业的融资成本更高；而产品市场竞争对资产专用性较弱的企业影响相对较小。这说明，在同样的竞争环境下，企业的资产专用性越强，企业的清算价值就越低，从而债务融资成本越高，也说明产品市场竞争通过影响债权人回收损失率来影响企业的债务融资成本。

总之，激烈的产品市场竞争对于资产规模较大、现金流充分、企业退出价值较大等类型企业的债务融资成本的影响相对较弱；而对于资产规模较小、资金实力较弱、退出价值较低的企业，产品市场竞争进一步提高了它们的债务融资成本。

6.6　本章小结

本章运用理论分析和实证研究方法论证了产品市场竞争对公司债务融资成本的影响。通过利用净财务费用、利息支出和总债务及带息债务构建了债务融资成本的测度指标，并基于产品市场竞争行业集中结构和企业市场地位两个维度分析了产品市场竞争对债务融资成本的影响。实证结果表明，产品市场竞争显著地影响了上市公司债务融资成本；而竞争相对激烈的市场结构和在市场上较弱的地位会显著地增加债务融资成本。产品市场竞争充分行业的企业相对于行业集中的企业面临更高的债务融资成本。同时，本章进一步分析研究发现产品市场竞争影响债务融资成本存在两个重要的机制：大规模企业掠夺小规模企业，资金实力强的企业掠夺资金实力弱的企业；对于债权人而言，资产专用性强的企业在产品市场竞争下，可能面临更高的违约损失率，从而提高了企业的债务融资成本。

　　本章的结论一方面丰富了传统公司金融的研究，因为传统公司金融较少从产品市场竞争的角度对上市公司债务融资成本展开全面的研究。本章从产品市场竞争研究债务融资成本，从一个较新的角度分析了债务融资成本的影响因素，丰富了对公司债务融资成本影响因素的认识。同时，当前对产品市场竞争与公司金融的文献中较少关注产品市场竞争与公司债务融资问题。从而，也有助于丰富对产品市场竞争与公司金融关系的认识。

　　同时，本章的结论具有一定的实践参考价值。在当前中国贷款利率基本市场化的条件下，债权人对于企业的债务定价完全是基于对企业风险的评估。传统的定价方法往往只分析了企业的财务状况，而较少考虑企业所处行业的竞争状况。然而，本章的分析表明，如果忽略了企业所处行业的竞争状况和企业在行业内的竞争地位，可能会导致对于企业债务的定价偏差，其定价可能没有完全反映该债权所面临的风险。因此，债权人在对企业发放债务时，其定价不仅需要分析企业的财务状况，也需要分析企业所处行业的竞争状况和企业在行业内的竞争地位。

第7章

研究结论和展望

7.1　研究结论

本书对从产品市场竞争角度对上市公司债务融资问题进行研究。通常，债务融资的问题包括债务融资率、债务融资期限和债务融资成本这三个主要问题。从企业的角度来看，企业首先是选择一个债务融资率即资产负债率，然后选择债务融资期限和债务融资成本。债务融资问题同样可以从债权人的角度来进行观察：从债权人的角度来讲，企业融资水平为其是否对企业融资、融资金额的问题，而企业融资期限就是债权人发放债务的期限，企业的债务融资成本就是债权人贷款或者融资的债务定价问题。同样，产品市场竞争状况是企业所面临的外部环境重要的组成部分，其对企业的融资行为尤其是债务融资行为会产生深刻的影响。因此，本书主要分析产品市场竞争对企业债务融资行为的影响。这一方面有助于加深对产品市场竞争对公司金融影响的理解；另一方面从一个全新的视角认识企业的债务融资问题。因此，本书主要的核心结论包括三部分：产品市场竞争对企业债务融资率的影响；产品市场竞争对企业债务融资期限的影响；产品市场竞争对企业债务融资成本的影响。

第一，研究发现，企业面临的产品市场竞争越激烈，则企业可以获得的债务融资越少，从而企业的债务融资率即资产负债比率较低。首先，从理论上分析发现：如果行业竞争相对缓和，处于该行业内的企业的资产负债比率相对较高；如果行业竞争相对激烈，处于该行业内的企业的资产负债比率相对较低。不同企业在行业内部的竞争地位不同，也会导致其资产负债比率呈现差异。在行业内部处于有利竞争地位的企业，其更容易获取外部债务资金，从而企业的资产负债比率更高；而在行业内部处于相对不利竞争地位的企业，其更难获取外部债务资金，从而企业的资产负债比率更低。这是因为一方面产品市场竞争会降低企业的可保证现金流，从而降低企业从债权人处获取债务的能力，降低企业的资产负债率水平；另一方面产品市场竞争激烈的行业如果企业保持过高的资产负债率水平，则企业更容易被竞争对手掠

夺，从而被挤出该产品市场，理性的企业在产品市场竞争激烈的环境下会主动降低资产负债率，从而维持自身在产品市场上的竞争力。其次，本书从实证上也证明了企业所面临的产品市场竞争越激烈，则企业所能获得债务融资率越低，从而资产负债率越低。具体而言，企业所面临的产品市场竞争状况可以包含两个维度：一个维度是行业结构；一个维度是企业在行业内的优势。因此，本书从这两个维度分析了产品市场竞争对企业债务融资率的影响。从行业结构来看，产品市场行业结构的集中度越高，具体体现为行业集中度（CR4）、赫芬达尔—赫希曼指数（HHI）越高，则表明企业所处行业的竞争相对较为缓和，企业能够融资的债务资金更高，从而体现为资产负债比率更高。从企业在行业内的竞争优势来看，自然边界（nh）越高，表明企业在行业内部的技术竞争优势越明显，从而企业的市场竞争地位越有优势，从而企业可以融到更多的债务资金，具体体现为企业的资产负债率更高；勒纳指数（pcm）和超额价格边际成本（epcm）表明企业在行业内定价优势越明显，从而企业在行业内竞争优势更加明显，这意味着债权人可以为企业提供更多的资金，从而体现为企业的资产负债率更高。同时，本书通过对被解释变量、解释变量、回归方法进行稳健性检验，检验结果展示前述核心结论仍然成立。

第二，研究发现，企业面临的产品市场竞争越激烈，则企业较难获得长期债务，从而企业的债务融资期限较短。首先，从理论上分析表明：企业面临的产品市场竞争越激烈，企业面临的违约风险越高，从而债权人资金安全性越低。而短期债务通过现金流回流机制、债务重新定价机制等可以保护债权人的资金安全，从而当产品市场竞争激烈时债权人更多发放短期债务保护自身的资金安全，从而体现为企业的债务融资期限更短。因此，企业所面临的产品市场竞争越激烈，企业的债务融资期限越短；企业所面临的产品市场竞争越缓和，企业的债务融资期限越长；处在行业集中度高的企业和拥有显著市场优势的企业长期债务比例较高；处在行业分散度高的企业和在产品市场上缺乏市场优势的企业长期债务比例偏低。其次，基于经验研究，本书也分析了产品市场竞争与企业债务融资期限之间的关系。同样，对产品市场竞争从行业结构和企业在行业内的竞争优势来进行分析。从行业结构来看，产品市场行业结构的集中度越高，具体体现为行业集中度（CR4）、赫芬达尔—赫希曼指数（HHI）越高，则表明企业所处行业的竞争相对较为缓和，企业能够获得的长期债务更多，从而体现为企业的债务融资期限相对较长。从企业在行业内的竞争优势来看，自然边界（nh）、勒纳指数（pcm）和超额价格边际成本（epcm）越高表明企业在行业内技术和定价优势越明显，从而企业在行业内竞争优势更加明显，这意味着债权人可以为企业提供更多的长期债务，从而体现为企业的债务融资期限更长。同时，本书通过对被解释变量、解释变量、回归方法进行稳健性检验，检验结果展示前述核心结论仍然成立。

第三，研究发现企业面临的产品市场竞争越激烈，则企业的债务融资成本越高。首先，本书基于莫顿（1974）思路分析了产品市场竞争作用于债务融资成本的机制。本书分析表明企业的债务融资成本主要受到债务的违约概率和违约后的损失率或者回收率的影响。通常，债权人预期债务违约概率越高，违约后企业预期损失越大，则企业的债务融资成本越高。而产品市场竞争程度加剧会导致企业的违约风险和违约后的损失率增加。一方面，产品市场竞争程度加剧意味着企业面临更高的掠夺风险和资金压力，从而企业的违约概率可能提升；另一方面，产品市场竞争程度加剧会降低企业抵押资产的流动性和价值，从而降低债权人资产处置后的预期回收率。这意味着产品市场竞争加剧会提高企业债务违约概率和回收损失率，债权需要更高的风险溢价，从而体现为企业的债务融资成本增加。因此，企业所面临的产品市场竞争越激烈，企业的债务融资成本越高；企业所面临的产品市场竞争越缓和，企业的债务融资成本越低；处在行业集中度高的企业和拥有显著市场优势的企业债务融资成本较高；处在行业分散度高的企业和在产品市场上缺乏市场优势的企业债务融资成本偏低。其次，本书也从实证上检验了产品市场竞争与债务融资成本的关系。利用净财务费用比当期带息债务、利息支出比平均总债务、利息支出比平均带息债务、净财务费用比平均总债务、净财务费用比平均带息债务等指标全面地度量了企业的债务融资成本，同时利用竞

争虚拟变量（hhiq1）、行业集中度（CR4）、赫芬达尔—赫希曼指数（HHI）、公司经营相似程度即自然边界（nh）、勒纳指数或价格边际成本（pcm）、超额价格边际成本（epcm）来度量产品市场竞争状况。实证研究结果表明，竞争虚拟变量（hhiq1）与各类债务融资成本指标之间呈现显著的正相关，这说产品市场竞争越激烈企业的债务融资成本越高。从量化的角度发现，处于竞争性行业的企业相对于处于市场集中度高的企业而言，要多支付 8% ~ 14% 的债务融资成本。同时，本书还从行业结构和企业在行业中的地位考察了产品市场竞争与企业的债务融资成本的关系。从行业结构来看，产品市场行业结构的集中度越高，具体体现为行业集中度（CR4）、赫芬达尔—赫希曼指数（HHI）越高，则表明企业所处行业的竞争相对较为缓和，从而企业债务融资成本相对较低。从企业在行业内的竞争优势来看，自然边界（nh）越高，表明企业在行业内部的技术竞争优势越明显，从而企业的市场竞争地位越有优势，企业承担债务融资成本相对更低；勒纳指数（pcm）和超额价格边际成本（epcm）表明企业在行业内定价优势越明显，企业在行业内竞争优势更加明显，从而企业承担的债务融资成本越低。进一步对产品市场竞争影响债务融资成本的机制进行了分析和实证检验。首先，基于企业资产规模和资金实力，将企业在行业内分为较强实力的企业和较弱实力的企业，实证分析表明在同样的竞争环境下，产品市场竞争对较强实力的企业影响较弱甚至是有利的影响；而对较弱实力的企业影响更大。这说明产品市场竞争存在通过掠夺效应来影响企业的债务融资成本。同时，从资产退出价值的角度分析了产品市场竞争会降低企业抵押物的清算价值，从而降低债权人的回收率，提高企业的债务融资成本。最后，本研究通过对被解释变量、解释变量、回归方法进行稳健性检验，检验结果显示产品市场竞争程度越激烈，企业的债务融资成本越高这一核心结论仍然成立。

7.2　研究展望

第一，对产品市场竞争与债务融资问题研究的一个困难是准确地度量产品市场竞争程度，而准确度量产品市场竞争程度的基础是行业的数据全面地反映了产品市场竞争状况。然而，由于数据采集的成本和保证数据的连续完整性，本书基于上市公司财务数据来度量产品市场竞争。这面临的一个问题是基于上市公司数据度量的行业竞争指标无法全面地反映上市公司的所处行业的竞争状况，因为上市公司不仅仅与同行业的上市公司竞争，还与同行业的非上市公司竞争。基于上述公司数据度量的行业竞争指标可能低估了产品市场竞争程度。因此，后续的研究方向需要对产品市场竞争进行更加全面的度量。

第二，本书主要是分析产品市场竞争对债务融资率、融资期限、融资成本的影响。然而这些债务融资变量也会反过来影响产品市场竞争状况，本书对该类内生性的问题解决，主要是通过滞后变量等工具变量的方法来一定程度缓释内生性问题。然而，内生性问题解决的最好方法是自然事件。因此，本书后续的一个重要研究方向是寻找恰当的外生事件，并设计恰当的实证检验来分析产品市场竞争对债务融资问题的影响。如考虑基于我国对外开放等引发市场竞争更加激烈等外生事件来设计自然试验来分析产品市场竞争对企业债务融资影响，这是后续研究的另外一个方向。

第三，本书对产品市场竞争与债务融资关系进行分析时将产品市场竞争与债务融资率、债务融资期限、债务融资成本进行分类分析。这里隐含的一个假设是企业的债务融资率、债务融资期限和企业的债务融资成本在同一时间没有相互影响。然而，更现实的假设是企业的债务融资率、债务融资期限以及企业的债务融资成本在同一时期可能被同时决定，这是因为企业在做债务融资决策时综合考虑了债务融资率、期限和成本问题。因此，后续的一个重要研究方向是在考虑债务融资率、期限和成本相互影响的情况下，考察产品市场竞争对它们的影响。

参考文献

［1］陈建梁，王大鹏．产品市场竞争对企业资本结构的影响［J］．管理科学，2006，19（5）：50－57.

［2］戴国强，吴许均．基于违约概率和违约损失率的贷款定价研究［J］．国际金融研究，2005：43－48.

［3］戴荣波．政治关联、信息披露质量与债务融资成本［J］．南京审计学院学报，2014（4）：74－80.

［4］方媛．管理者自利行为与债务融资期限结构研究——基于债权人保护视角［J］．科学决策，2013：15－32.

［5］韩忠雪，周婷婷．产品市场竞争、融资约束与公司现金持有：基于中国制造业上市公司的实证分析［J］．南开管理评论，2011（14）：149－160.

［6］何卫东，张嘉颖．所有权结构、资本结构、董事会治理与公司价值［J］．南开管理评论，2002（5）：17－20.

［7］胡元木，王琳．信息不对称、公司风险与债务期限结构［J］．管理评论，2008，20（1）：55－62.

［8］胡奕明，谢诗蕾．银行监督效应与贷款定价——来自上市公司的一项经验研究［J］．管理世界，2005：27－36.

［9］胡援成，刘明艳．中国上市公司债务期限结构影响因素：面板数据分析［J］．管理世界，2011：175－177.

［10］黄国平，刘煜辉．中国金融生态环境评价体系设计与分析［J］．系统工程理论与实践，2007，27（6）：7－14.

［11］蒋琰.权益成本、债务成本与公司治理：影响差异性研究［J］.管理世界，2009：144－155.

［12］姜付秀，刘志彪.行业特征、资本结构与产品市场竞争［J］.管理世界，2005：74－81.

［13］姜付秀、屈耀辉、陆正飞.产品市场竞争与资本结构动态调整［J］.经济研究，2008：99－110.

［14］金雪军，贾婕.企业资本结构与产品市场战略［J］.浙江大学学报（人文社会科学版），2003（33）：25－32.

［15］金鹏辉.公司债券市场发展与社会融资成本［J］.金融研究，2010：16－23.

［16］李春红，孙荣.产品市场竞争和债务期限结构——基于国有上市公司和民营上市公司的比较［J］.技术经济，2009，28（12）：104－108.

［17］李健，陈传明.企业家政治关联、所有制与企业债务期限结构——基于转型经济制度背景的实证研究［J］.金融研究，2013（3）：157－169.

［18］李广子，刘力.债务融资成本与民营信贷歧视［J］.金融研究，2009：137－150.

［19］李青原，陈晓，王永海.产品市场竞争、资产专用性与资本结构——来自中国制造业上市公司的经验证据［J］.金融研究，2007：100－113.

［20］李青原，王永海.产品市场竞争、资产专用性与资本结构：一个供给视角的分析［J］.经济评论，2008：109－114.

［21］李曜，丛菲菲.产业竞争下的民企资本结构选择——兼以苏宁云商为例［J］.会计研究，2015：47－54.

［22］李志军，王善平.货币政策、信息披露质量与公司债务融资［J］.会计研究，2011（10）.

［23］刘东博.产品市场竞争、终极控股股东控制与融资成本——来自中国制造业上市公司的证据［J］.新疆农垦经济，2011：67－74.

［24］刘凤良，连洪泉.产品市场竞争视角下负债和投资关系研究［J］.

山西财经大学学报, 2012（3）：108－116.

[25] 刘煜辉. 中国地区金融生态环境评价 [M]. 北京：中国金融出版社, 2007.

[26] 刘志彪, 姜付秀, 卢二坡. 资本结构与产品市场竞争强度 [J]. 经济研究, 2003：60－67.

[27] 陆贤伟, 王建琼, 董大勇. 董事网络、信息传递与债务融资成本 [J]. 管理科学, 2013（3）：67－74.

[28] 戚拥军. 债务期限结构与产品市场竞争互动关系研究——基于国有和非国有控股上市公司的比较 [J]. 技术经济, 2009（28）：93－99.

[29] 申香华. 银行风险识别、政府财政补贴与企业债务融资成本——基于沪深两市 2007－2012 年公司数据的实证检验 [J]. 财贸经济, 2014, 35（9）：62－71.

[30] 沈艺峰, 肖珉, 林涛. 投资者保护与上市公司资本结构 [J]. 经济研究, 2009：131－142.

[31] 盛丹, 王永进. 产业集聚、信贷资源配置效率与企业的融资成本——来自世界银行调查数据和中国工业企业数据的证据 [J]. 管理世界, 2013（6）：85－98.

[32] 隋聪, 邢天才. 基于非完全利率市场化的中国银行业贷款定价研究 [J]. 国际金融研究, 2013：82－93.

[33] 苏忠秦, 黄登仕. 家族控制、两权分离与债务期限结构选择——来自中国上市公司的经验证据 [J]. 管理评论, 2012, 24（7）.

[34] 孙浦阳, 李飞跃, 顾凌骏. 商业信用能否成为企业有效的融资渠道——基于投资视角的分析 [J]. 经济学（季刊）, 2014.

[35] 孙铮, 刘凤委, 李增泉. 市场化程度、政府干预与企业债务期限结构——来自我国上市公司的经验证据 [J]. 经济研究, 2005：52－63.

[36] 谈多娇, 张兆国, 刘晓霞. 资本结构与产品市场竞争优势——来自中国民营上市公司和国有控股上市公司的证据 [J]. 中国软科学, 2010：143－151.

［37］陶晓慧．资产替代、债务期限结构与债权人保护［J］．经济与管理研究，2009（8）：67 – 72.

［38］童勇．资本结构的动态调整和影响因素［J］．财经研究，2004（30）：96 – 104.

［39］涂瑞，邓娜．两权偏离度、政府干预与目标债务期限决策——来自民营上市公司的证据［J］．证券市场导报，2013.

［40］王育晓，杨敏利．终极所有权结构对债务融资成本的影响研究［J］．统计与决策，2012（16）：162 – 165.

［41］魏志华，王贞洁，吴育辉，等．金融生态环境、审计意见与债务融资成本［J］．审计研究，2012.

［42］吴昊旻，杨兴全，魏卉．产品市场竞争与公司股票特质性风险——基于我国上市公司的经验证据［J］．经济研究，2012：101 – 115.

［43］肖作平．资本结构影响因素和双向效应动态模型——来自中国上市公司面板数据的证据［J］．会计研究，2004：36 – 41.

［44］肖作平．债务期限结构影响因素和双向效应动态调整模型——来自中国上市公司的经验证据［J］．管理工程学报，2009，23（3）：142 – 146.

［45］肖作平．终极控制股东对债务期限结构选择的影响：来自中国上市公司的经验证据［J］．南开管理评论，2011（6）.

［46］肖作平．公司治理影响债务期限结构类型吗？——来自中国上市公司的经验证据［J］．管理工程学报，2010，24（1）：110 – 123.

［47］肖作平，廖理．公司治理影响债务期限水平吗？——来自中国上市公司的经验证据［J］．管理世界，2008：143 – 156.

［48］谢军．债务期限结构、公司治理和政府保护：基于投资者保护视角的分析［J］．经济评论，2008（1）.

［49］徐浩萍，杨国超．股票市场投资者情绪的跨市场效应——对债券融资成本影响的研究［J］．财经研究，2013.

［50］杨胜刚和何靖．中国上市公司债务期限结构影响因素的实证研究

[J].经济评论，2007（5）.

[51] 杨雯.资本结构影响产品市场竞争问题研究——以食品饮料业上市公司为例 [J].产业经济评论：山东大学，2009（8）.

[52] 姚立杰，罗玫，夏冬林.公司治理与银行借款融资 [J].会计研究，2010.

[53] 姚益龙，邓湘益，陈壮奋.有限责任效应、破产风险效应与资本结构——基于产品市场竞争视角的研究 [J].学术研究，2010：77-80.

[54] 余永定.中国企业融资成本为何高企？[J].国际经济评论，2014（6）.

[55] 袁卫秋.我国上市公司的债务期限结构——基于权衡思想的实证研究 [J].河北经贸大学学报，2005（5）.

[56] 张敦力，李四海.社会信任、政治关系与民营企业银行贷款 [J].会计研究，2012（8）：17-24.

[57] 张合金，陈震，鹿新华.产品市场竞争与银行贷款定价——基于上市公司债务融资成本的视角 [J].投资研究，2014.

[58] 张萍，翟银霞.产品市场竞争对资本结构决策的影响 [J].云南社会科学，2010：97-101.

[59] 张维迎，柯荣住.信任及其解释：来自中国的跨省调查分析 [J].经济研究，2002.

[60] 张耀辉，万水林，广东，等.产品市场竞争与资本结构的战略决策 [J].财贸研究，2005（16）：88-93.

[61] 赵蒲，孙爱英.产业竞争、非理性行为、公司治理与最优资本结构——现代资本结构理论发展趋势及理论前沿综述 [J].经济研究，2003：81-89.

[62] 赵蒲，孙爱英.资本结构与产业生命周期：基于中国上市公司的实证研究 [J].管理工程学报，2005（19）：42-46.

[63] 赵自强，顾丽娟.产品市场竞争、会计稳健性与融资成本——基于中国上市公司的实证研究 [J].经济与管理研究，2012（11）：49-60.

[64] 周开国，徐亿卉. 中国上市公司的资本结构是否稳定 [J]. 世界经济，2012 (5)：106 - 120.

[65] 周雪敏. 产品市场竞争与资本结构：基于中国上市公司的证据 [J]. 中央财经大学学报，2009 (2)：37 - 41.

[66] 周煜皓，张盛勇. 金融错配、资产专用性与资本结构 [J]. 会计研究，2014 (8).

[67] 左志锋，谢赤. 产品市场竞争对资本结构的作用机理研究 [J]. 湖南大学学报：社会科学版，2008 (22)：51 - 54.

[68] 朱家谊. 政府干预与企业债务期限结构研究——来自我国上市公司的经验数据 [J]. 财经科学，2010 (10)：15.

[69] 朱武祥，陈寒梅，吴迅. 产品市场竞争与财务保守行为——以燕京啤酒为例的分析 [J]. 经济研究，2002：28 - 36.

[70] Barclay, M. J. and Smith, C. W. The maturity structure of corporate debt [J]. *The Journal of Finance*, 1995, 50 (2)：609 - 631

[71] Benmelech E. , Garmaise M. J. , Moskowitz T. J. Do Liquidation Values Affect Financial Contracts? Evidence from Commercial Loan Contracts and Zoning Regulation [J]. *Quaterly Journal of Economics*, 2005, 120 (3)：1121 - 1154.

[72] Bates T. W. , Kahle K. M. and Stulz R. M. Why do US Firms Hold so much More Cash than They Used to? [J]. *The Journal of Finance*, 2009 (64)：1985 - 2021.

[73] Bae, K. - H. and Goyal, V. K. Creditor Rights, Enforcement, and Bank Loans [J]. *The Journal of Finance*, 2009 (64)：823 - 860.

[74] Bharath S. T. and Shumway T. Forecasting Default with the Merton Distance to Default Model [J]. *Review of Financial Studies*, 2008 (21)：1339 - 1369.

[75] Billett M. T. , King T. D. , Mauer D. C. Growth Opportunities and the Choice of Leverage, Debt Maturity, and Covenants [J]. *Journal of Finance*, 2007, 62 (2)：697 - 730.

［76］ J. Boone . A new way to measure competition ［J］. *Economic Journal*, 2008 （118）: 1245 – 1261.

［77］ Brander J. A. and Lewis T. R. Oligopoly and financial structure: The limited liability effect ［J］. *The American Economic Review*, 1986 （76）: 956 – 970.

［78］ Brick I. E. , Ravid S. A. On the relevance of debt maturity structure ［J］. *The Journal of Finance*, 1985, 40 （5）: 1423 – 1437.

［79］ Bolton P. and Scharfstein D. S. A Theory of Predation Based on Agency Problems in Financial Contracting ［J］. *The American Economic Review*, 1990 （80）: 93 – 106.

［80］ Chava S. , Livdan D. and Purnanandam A. Do Shareholder Rights Affect the Cost of Bank Loans? ［J］. *Review of Financial Studies*, 2009, 22 （8）: 2973 – 3004.

［81］ Chen Lin, Yue Ma, Paul Malatesta, Yuhai Xuan. Ownership structure and the cost of corporate borrowing ［J］. *Journal of Financial Economics*, 2011, 100 （1）: 1 – 23.

［82］ Chevalier J. A. Capital Structure and Product – Market Competition: Empirical Evidence from the Supermarket Industry ［J］. *American Economic Review*, 1995, 85 （3）: 415 – 435.

［83］ Correia S. , Brito P. , Brand E. Corporate Debt Maturity – An international comparison of firm debt maturity choices ［J］. *Fep Working Papers*, 2014.

［84］ Dan G. , Hayn C. The changing time-series properties of earnings, cash flows and accruals: Has financial reporting become more conservative? ［J］. *Journal of Accounting & Economics*, 2000 （29）: 287 – 320.

［85］ Diamond D. W. Financial Intermediation and Delegated Monitoring ［J］. *The Review of Economic Studies*, 1984, 51 （3）: 393 – 414.

［86］ Diamond D. W. Debt maturity structure and liquidity risk ［J］. *The Quarterly Journal of Economics*, 1991, 106 （3）: 709 – 737.

［87］Driscoll J. C. and Kraay A. C. Consistent Covariance Matrix Estimation with Spatially Dependent Panel Data ［J］. *Review of economics and statistics*, 1998, 80 (4): 549 – 560.

［88］Fan J. P. H. , Titman S. , Twite G. An international comparison of capital structure and debt maturity choices ［J］. *Journal of Financial and Quantitative Analysis*, 2012, 47 (1): 23.

［89］Grossman S. J. and O. D. Hart. *Corporate Financial Structure and Managerial Incentives* ［M］. University of Chicago Press, 1982: 107 – 140.

［90］Guedes J. , Opler T. The Determinants of the Maturity of Corporate Debt Issues ［J］. *Journal of Finance*, 1992 (51): 1809 – 1833.

［91］Hart O. *Firms, Contracts and Financial structure* ［M］. Oxford: Oxford University Press, 1995.

［92］Harris M. , Raviv A. Capital Structure and the Informational Role of Debt ［J］. *Journal of Finance*, 1990, 45 (2): 321 – 349.

［93］Haushalter D. , Klasa S. and Maxwell W. F. The Influence of Product Market Dynamics on a Firm's Cash Holdings and Hedging Behavior ［J］. *Journal of Financial Economics*, 2007, 84 (3): 797 – 825.

［94］Heinkel R. A. Theory of Capital Structure Relevance Under Imperfect Information ［J］. *The Journal of Finance*, 1982, 37 (5): 1091 – 1095.

［95］Hidetaka Mitani. Capital structure and competitive position in product market ［J］. *International Review of Economics & Finance*, 2014 (29): 358 – 371.

［96］Hou K. and Robinson D. T. Industry Concentration and Average Stock Returns ［J］. *The Journal of Finance*, 2006, 61 (4): 1927 – 1956.

［97］Irvine P. J. and Pontiff J. Idiosyncratic Return Volatility, Cash Flows, and Product Market Competition ［J］. *Review of Financial Studies*, 2009, 22 (3): 1149 – 1177.

［98］Jensen M. C. and W. H. Meckling. Theory of the Firm: Managerial Be-

havior, Agency Costs and Ownership Structure [J]. *Journal of Financial Economics*, 1976, 3 (4): 305 – 360.

[99] Johnson, Herb, and Rene Stulz. The Pricing of Options with Default Risk [J]. *The Journal of Finance*, 1987, 42 (2): 267 – 280.

[100] Kraus A. and R. H. Litzenberger. A State-preference Model of Optimal Financial Leverage [J]. *The Journal of Finance*, 1973, 28 (4): 911 – 922.

[101] Lyandres E. Capital Structure and Interaction among Firms in Output Markets: Theory and Evidence [J]. *The Journal of Business*, 2006, 79 (5): 2381 – 2421.

[102] Merton R. C. On the Pricing of Corporate Debt: The Risk Structure of Interest Rates [J]. *The Journal of Finance*, 1974, 29 (2): 449 – 470.

[103] Modigliani F. and M. H. Miller. The Cost of Capital, Corporation Finance and the Theory of Investment [J]. *The American Economic Review*, 1958, 48 (3): 261 – 297.

[104] Modigliani F. and M. H. Miller. Corporate Income Taxes and the Cost of Capital: A Correction [J]. *The American Economic Review*, 1963, 53 (3): 433 – 443.

[105] Miller M. H. Debt and Taxes [J]. *The Journal of Finance*, 1977, 32 (2): 261 – 275.

[106] Myers S. C. Determinants of corporate borrowing [J]. *Journal of Financial Economics*, 1977, 5 (77): 147 – 175.

[107] Myers S. C. The Capital Structure Puzzle [J]. *The Journal of Finance*, 1984, 39 (3): 575 – 592.

[108] Myers S. C. and N. S. Majluf. Corporate Financiang and Investment Decisions when Firms have Information that Investors do not have [J]. *Journal of Financial Economics*, 1984, 13 (2): 187 – 221.

[109] Nickell. Competition and corporate finance [J]. *Journal of Political Economy*, 1996 (104): 724 – 746.

［110］ Ortiz – Molina and H. , Phillips G. Real Asset Illiquidity and the Cost of Capital, Available at SSRN 1413780, 2011.

［111］ Pandey I. M. M. Capital Structure and Market Power Interaction: Evidence from Malaysia ［J］. *Social Science Electronic Publishing*, 2002.

［112］ Peress J. Product Market Competition, Insider Trading, and Stock Market Efficiency ［J］. *The Journal of Finance*, 2010, 65 (1): 1 – 43.

［113］ Phillips G. M. Increased debt and industry product markets An empirical analysis ［J］. *Journal of Financial Economics*, 1995, 37 (2): 189 – 238.

［114］ Phillips G. M. , Mackay P. How Does Industry Affect Firm Financial Structure? ［J］. *Review of Financial Studies*, 2005, 18 (4): 1433 – 1466.

［115］ Pittman J. A. and Fortin S. Auditor choice and the Cost of Debt Capital for Newly Public Firms ［J］. *Journal of Accounting and Economics*, 2004, 37 (1): 113 – 136.

［116］ Pulvino T. C. Do Asset Fire Sales Exist? An Empirical Investigation of Commercial Aircraft Transactions ［J］. *The Journal of Finance*, 1998, 53 (3): 939 – 978.

［117］ Qian J. , Strahan P. E. How Law and Institutions Shape Financial Contracts: The Case of Bank Loans ［J］. *Social Science Electronic Publishing*, 2006, 62 (6): 2803 – 2834.

［118］ Rajan R. G. and L. Zingales. What Do We Know about Capital S Some Evidence from Internation Data ［J］. *Journal of Financial Economics*, 1995, 50 (5): 1421 – 1460.

［119］ Ross S. A. The Determination of Financial Structure: The Incentive – Signaling Approach ［J］. *The Bell Journal of Economics*, 1977, 8 (1): 23 – 40.

［120］ Samuel Fosu. Capital structure, product market competition and firm performance: Evidence from South Africa ［J］. *The Quarterly Review of Economics and Finance*, 2013, 53 (2): 140 – 151.

［121］ Şenay Ağca, Nicolò G. D. , Detragiache E. , et al. Financial re-

forms, financial openness, and corporate debt maturity: International evidence [J]. *Borsa Istanbul Review*, 2014.

[122] Shleifer A. and Vishny R. W. Liquidation Values and Debt Capacity: A Market Equilibrium Approach [J]. *The Journal of Finance*, 1992, 47 (4): 1343 – 1366.

[123] Showalter D. M. Oligopoly and financial structure: Comment [J]. *The American Economic Review*, 1995, 85 (3): 647 – 653.

[124] Sudipto Sarkar. Product-market flexibility and capital structure [J]. *The Quarterly Review of Economics and Finance*, 2014, 54 (1): 111 – 122.

[125] Stulz R. Managerial Control of Voting Rights: Financing Policies and the Market for Corporate Control [J]. *Journal of Financial Economics*, 1988 (20): 25 – 54.

[126] Tirole J. The Theory of Corporate Finance [J]. *Theory of Corporate Finance*, 2006, 78 (515): 499 – 507.

[127] None. Papers and Proceedings Fifty – Fourth Annual Meeting of the American Finance Association, Boston, Massachusetts, January 3 – 5, 1994 ‖ Front Matter [J]. The Journal of Finance, 1994, 49 (3).

[128] Titman S D, Opler T C. Financial Distress and Corporate Performance [J]. Journal of Finance, 2012, 49 (3): 1015 – 1040.

[129] Valta P. Competition and the Cost of Debt [J]. *Journal of Financial Economics*, 2012 (105): 661 – 682.

[130] Windmeijer, Frank. A Finite Sample Correction for the Variance of Linear Two – Step GMM Estimators (November 2000). Institute for Fiscal Studies Working Paper No. W00/19.

[131] Yilmaz Guney, Ling Li, Richard Fairchild. The relationship between product market competition and capital structure in Chinese listed firms [J]. *International Review of Financial Analysis*, 2011, 20 (1): 41 – 51.